ポストコロナ日本への提言

ーコロナの教訓を活かした新しい社会の構築ー

編集　エコハ出版

JN119520

はしがき

　2019 年末、中国武漢で発生した新型コロナウィルスは瞬く間に世界中に広まり、いわゆるパンデミック（世界的大流行）の状況が 1 年以上続いている。2021 年 4 月末現在、全世界の感染者数 1 億 5000 万人超、死者数 300 万人弱（米ジョンズホプキンス大学調べ）という猛威を振るっている。昨年末から世界各国でワクチン接種がはじまったが、まだその効果は限定的で収束の気配は見られない。1918 年のインフルエンザ（通称スペイン風邪）以来 100 年ぶりのすさまじいパンデミックである。

　わが国においても鎮静化をみせてはぶり返すという繰り返しを続け、現在（2021 年 4 月末）は感染力や重症化力が強まったとされる変異株の増大とも相俟って、重症者が急拡大しつつある第 4 波の真っ只中にある。ワクチン接種が始まったとはいえ、コロナ禍がいつどのように収束していくのか確かなことは誰にも分からない。ただ、仮に収束したとしても私たちの生活が感染前の状態には戻ることはなく、大きく変化してゆくであろうことは誰もが直感的に感じている。

　今回のコロナ禍は、今日の日本社会の弱点をいやというほど如実にあぶりだし、さらに拡大しつつある。新自由主義のもとでこの３０年間極限まで進行したグローバル化と効率性第一主義社会の弱点をあぶりだしたのである。医療、

介護問題はいうにおよばず、貧富の格差拡大、覚悟と責任が伴わない政治システム、たがのはずれた財政規律、ワクチンの輸出規制にもみられた非軍事分野も含めた安全保障体制の脆弱性など、ポストコロナに取り組むべき重要課題を一挙に明らかにした。なかでも、急ぐべきはなのは、これらの諸課題を克服しつつ発展していくために国民が一丸となって取り組みうる新たな社会像の提示である。

　本書は、こうした危機意識を共有する有志が、それぞれが関心の高いテーマに絞ってその考えるところをまとめてみたものである。そうした意味では、わが国が直面している、あるいは直面するであろう数多い課題の一部をオムニバス形式で論じているにすぎないが、ポストコロナの日本を考える一助に資することができればこれにすぐる喜びはない。

　　　2021 年 5 月　　　　　　　　　　　　　　　　執筆者　一同

目　次

はしがき

持続可能な国づくりをめざして

宮川東一郎

はじめに

　コロナ感染の収束の目途が立っていない中で、ポストコロナの社会を論ずる
のはやや早計の感があるが、政治家、官僚、企業経営者から国民一人一人に至
るまで、すべての人々が、これだけ真剣に、国のあり方、社会のあり方、教育
のあり方、生活のあり方を考える機会はなかったのではなかろうか。

　バブル崩壊後、日本経済は３０年にわたって長期停滞を続けてきた。この間、
各方面で変革の必要性が叫ばれながら、なかなか変われない日本にイライラが
募っていたのも事実である。

　コロナによって、政治家のリーダーシップのあり方が問われ、官僚の縦割り、
前例踏襲の弊害が浮き彫りになり、休校によって本来の教育のあり方が議論さ
れ、三密による東京のデメリットがクローズアップされた。また人々も何が本
当に生活に必要かを真剣に考える機会を与えられている。

　もちろん、コロナによって経済的にも、社会的にも受けるダメージは甚大な

ものがある。そうであればあるほど、この危機を乗り越えた後のポストコロナ社会は、もう一度「未来に希望の持てる国づくり」につなげたいという強い想いから提言を行う次第である。

　提言を行うに当たって、まず最初に日本の戦後の歩みを振り返りながら、今我々はどんな時代に生きているのかについて足元を確認しておきたい。その上で、以下の３つの視点から「ポストコロナ社会への提言」を行ってみたい。

　提言の第一は、今後急速に進む人口減少、少子高齢化の時代を迎えて、日本の国づくりのデザインをどう描いたら良いかについての提言を行う。

　提言の第二は、日本経済の中枢をになう企業経営の変革の方向、産業政策のあり方について考えてみたい。

　そして第三の提言は、これからの時代を背負っていく人材を育成する教育のあり方について私の考えを述べてみたい。

　以上の提言を通じて、ポストコロナ社会が「未来に希望の持てる国」になれるように心から願っている。

1 戦後の日本の歩みを振り返って

戦後の日本の歩みは、大きく３つの時期に分けられる。（図表１）

図表１　戦後の日本の歩み〜1945〜2020年

戦後復興期（1945〜1956年）〜焼跡（貧困）からの脱却〜
- 焼跡、闇市、バラック、浮浪者、戦災孤児、傷痍軍人、シラミ、DDT
- 「貧乏人は麦を食え」―池田蔵相（１９５０年）
- 傾斜生産方式（石炭、鉄鋼、肥料）
- 朝鮮動乱ブーム（総額４６億ドル）―経済再建のチャンスをつかむ

高度成長期（1956〜1990年）〜今日より明日は良くなる夢多き時代〜
- 「もはや戦後ではない」―経済白書（１９５６年）
- 所得倍増計画（１９６０年）
- 三種の神器（電気釜、洗濯機、冷蔵庫）
- 新三種の神器　３Ｃ（カラーテレビ、クーラー、カー）
- マイホーム
- 松下、ソニー、ホンダ、トヨタなど町工場からぞくぞくと世界企業が登場
- 世界第２の経済大国
- ジャパン・アズ・ナンバーワンと世界の賞賛を浴びる

長期低迷期（1990〜2020年）〜バブル崩壊後のデフレ脱却にもがき続ける〜
- 株価暴落　　（高値３万8965円―安値7609円）
- 地価の大幅下落（高値から87％の下落）
- 銀行の不良債権増大〜山一、拓銀、長銀、債券銀など倒産
- 就職氷河期〜フリーター、非正規雇用の増大
- リーマンショック（2008年）
- 民主党政権（2009年９月〜2012年12月）悪夢の３年３ヶ月
- 東日本大震災（2011年）
- マイナス金利、超金融緩和、財政赤字拡大

（第1期）

第1の時期は、まさに「焼跡からの脱却」で、人々は食べること、生きることに必死の時代であった。

私は終戦の年は疎開先の新潟にいたが、翌年、前に住んでいた大田区の蒲田の近くに戻ってきた。蒲田が空襲に襲われてから1年以上が経っていたが、焼跡にバラックが建ち並び、駅前の路上には闇市が店を広げ、線路下の地下道には浮浪者、戦災孤児がたむろしていた。

片足のない傷痍軍人が空き缶を前に置いてハモニカを吹いていた光景を思い出す。また、今思い出しても痒くなるが下着にはいっぱいシラミが住み着いており、時々学校でDDTの白い粉を吹きかけられたことも思い出す。

その頃、東京地裁の山口判事が、一切のヤミを拒否して配給だけの生活を守って、栄養失調で死亡したのが1947年、池田大蔵大臣が「貧乏人は麦を食え」と議会で発言し物議を醸したのが終戦から5年目の1950年だった。

いま、山口判事という聞き慣れない名前が出てきたが、我々にとっては忘れられない名前である。山口判事は「食糧管理法違反」を裁く立場にあり、自分は法律違反のヤミの食糧に手を出すわけに行かなかった。そのため、栄養失調で死亡したわけで、当時の日本は配給だけではやっていけず、ヤミに手を出さざるを得ないような状態だったのである。

終戦から5年目の1950年に起きた朝鮮戦争は、日本にとっては救いの神で

あった。アメリカ軍の補給基地として、日本から大量の物資が買い付けられ、糸へん景気、金へん景気と呼ばれる特需ブームが起こり、これが日本経済再建のキッカケとなって、戦後の経済復興に大きく貢献した。

特需ブームの総額は46億ドルと推計されており、1ドル360円で換算すると、1兆6000億円で、これは当時としては大変な金額になる。

（第2期）

第2の時期は、日本の社会が最も元気のあった時代で、経済は高度成長を遂げ、途中オイルショックも乗り越えてバブル崩壊前には「世界第2の経済大国」まで上り詰めた。もっとも、戦後の復興は終わったとはいえ、60年頃は生活水準が低く、生活は貧しかった。

私は1965年12月から1年間、アメリカのSRI（スタンフォード・リサーチ・インスティチュート）にインターナショナル・フェローとして滞在したが、その時の日米の生活水準のあまりの違いにびっくりしたのを今でも鮮明に覚えている。

当時、日本では八百屋、魚屋、肉屋での買物が普通で、まだ量り売りの時代だったが、米国ではすでにコンビニ、スーパーマーケットが当たり前で、私の小さなアパートにもレンジ、オーブンがセットされ、乾燥機付き洗濯機もあった。見るもの、聞くものがすべて初体験で、毎日が驚きの連続だった。

最も苦労したのが車の運転で、車に触ったこともない私が日本で慌てて免許

を取ったのだが、向こうでカルフォルニア・ライセンスを取るのに一苦労、とった後は毎朝早くフリーウエーを空港まで運転の練習をした。

こうした日米の大きな経済格差は、日本の企業家達の具体的な挑戦目標となり、その後の発展の原動力となった。

町工場から身を起こした松下幸之助の松下電器、本田宗一郎のホンダ、井深大、盛田昭夫コンビのソニー、豊田喜一郎のトヨタなどを筆頭に、多くの製造業が、その後世界企業として大躍進を遂げた。

製造業に少し遅れて、小売業では、中内功のダイエー、伊藤雅俊のイトーヨーカ堂、岡田卓也のジャスコなど、外食の分野では、茅野亮のすかいらーく、江頭匡一のロイヤルホストなどが、アメリカの実情を勉強して、まさにゼロからの創業で大躍進を遂げた。

ここでわざわざ個人の名前を挙げたのは、これらの事業はすべて企業家個人の大きな夢とビジョン、それを実現しようとする飽くなき行動力が原点になっていることを云いたかったからだ。

経済の成長と共に、我々の所得も年々上昇し、生活は目に見えて豊かになっていった。

三種の神器（TV、洗濯機、冷蔵庫）、新三種の神器・３Ｃ（カラーTV、クーラー、カー）が世に出るたびに、家の中は、次々と賑やかになっていった。まさに「今日より明日はよくなる夢多き時代」だった。

そして、1980年代には「世界第2の経済大国」に上り詰め、「ジャパン・アズ・ナンバーワン」「ライジングサン・ジャパン」と世界の賞賛を浴びた。

　私は当時、野村マネージメント・スクールの学長をしていたが、参加した受講生（各企業の部長、取締役クラス）が、日本の経営について、ハーバード・ビジネススクールから来た教授陣と堂々と胸を張ってと意見を述べている姿を思い起こす。

（第3期）

　第3期は1990年のバブル崩壊で幕を開けるが、ここで舞台はいっぺんに暗転する。

　まず、株価の暴落で始まったバブルの崩壊は、その後の長期にわたる地価の大幅下落、銀行の不良債権の増大、山一證券、北海道拓殖銀行、日本長期信用銀行の倒産、さらには長引くデフレ経済に直面して、日本の経営者の自信は一挙に打ち砕かれ、攻めの経営から守りの経営に転換せざるを得なくなった。

　成長が止まり、守りの経営に入ったとき、かって栄光をもたらした日本的経営の長所は、逆に短所となって、日本企業の改革の足を引っ張ることとなった。

　思い切った経営改革でリストラしようとしても終身雇用の制度が足かせとなり、イノベーションに必要な若手の登用や多様な人材を取り入れようとしても年功的な人事制度が足かせとなった。

　この間、リーマンショックや、東日本大震災に見舞われたことも長期停滞の

要因になっている。

　2012年に登場した安倍政権は、アベノミクスで3本の矢を掲げて長期停滞からの脱出を試みたが、株価の上昇、雇用の増加には成功したが、肝心の成長戦略は不発に終わり、今日に至っている。

　ここまで日本の戦後の歩みを3つの期間に分けて振り返ってきた。改めて、3つの時期がこんなにハッキリと色分けされることに私自身驚いている。

　国のあり方は、政治家、官僚、経営者、学者、教育関係者、マスコミ、そして市民、みんなが作り出した作品である。

　夢多き光り輝いた第2期は、政治の舵取り、官僚の指導、経営者の情熱と行動力、熱心な学校教育、そして市民の頑張りが上手くかみ合って「今日より明日は良くなる夢多き時代」を作り出したのだと思う。

　第3期は、逆にバブル崩壊後の後ろ向きの処理に追われて、政治家も、官僚も、経営者も自信を失ったこと、そのため本来やらなければいけなかったキャッチアップ・ステージから次の新しいステージに移行するための改革がほとんど行われず、先送りされたことが、その後の長期低迷をもたらすことになった。

　こうした戦後の日本の歩みを振り返ってみて、改めて、コロナ後の第4期は、もう一度「未来に希望の持てる国」に、一歩譲っても「持続可能な国づくり」につなげたいものだと強く念願しつつ、第2節以降で、私からのポストコロナ社会への提案を述べていきたい。

2 新しい社会の時代背景

1）人口減少と少子高齢化

　提言の第1は「人口減少、少子高齢化時代の国づくり」についてである。

　ポストコロナ社会を考えるに当たって最も気になるのが、趨勢的な人口減少と少子高齢化の進行である。

　日本の人口は、すでに2008年の1億2810万人をピークに減少を続けており、2020年には1億2410万人と、この12年間で400万人減少した。（400万人というと青森、秋田、山形、岩手4県の人口に匹敵する）

　この減少傾向は今後さらに加速して、10年後の2030年には1億1520万人と、現在より880万人の減少が見込まれる。（北海道と四国を足して910万人だから、ほぼ北海道と四国がなくなる計算である）

　さらに2048年には9910万人と1億人の大台を割り、2060年には8670万人と、現在より3740万人減少する推計になっている。この数字は今の首都圏の人口に匹敵する。

　首都圏と一口に言うと、ああそうかとなりそうだが、北海道と九州、四国の3つ併せて2230万人、それに東北6県を足しても3096万人と、まだ足りないので中国地方5県を足してやっと3840万人だから、この間の人口減少の大きさが想像される。

人口が減るだけでも大変だが、この間に、高齢化率が上昇する。65歳以上の比率は、2019年に28.4％、2060年には39％と10人に4人が65歳以上になる。

　その結果、扶養率（20〜64歳の人口で65歳以上の人口を割ったもの）は、戦後のベビーブーム期の1950年には10人に1人だったのが、2019年には1.8人に1人、2060年には1.2人に1人という驚くべき高齢化社会になる。

　もちろん、今は65歳以上でも働く人が多くなっており、全部が扶養対象になるわけではないが、若い人にとって大きな負担になることは間違いない。

　子供、孫の世代のことを考えると、この人口減少、高齢化社会の国のあり方をどう描くか、これはとても大事なテーマになってくる。日本の歴史を振り返ってみても、また世界の国を見渡しても先例は見当たらない。まさに我々が白紙にデザインしなければならないテーマなのである。

　この未知のテーマに正解を求めるのは難しいことだが、私は次の3つのことに挑戦することが大事だと考えている。

　第一は、国の目標をGDP（国民総生産）の成長からQoL(クオリティ・オブ・ライフ)の充実へと力点を置き換えること

　第二は、人口の地方分散と東京一極集中の解消

　そして第三は、食糧・エネルギーの自給率向上である。

2) GDP の成長から QoL の充実へ

　人口減少、少子高齢化が続く時代に、GDP の成長を追い求めることには無理がある。

　これまで１億総活躍時代、女性の社会進出、定年の延長など生産年齢人口を増やすいろいろな試みが行われてきたが十分な効果は上げられていない。

　理論的には１人当りの生産性を上げれば GDP の成長は可能だが、それには画期的なイノベーションが継続的に続かなければ難しい。

　また、これまでのような財政出動による需要創出を続ければ、財政赤字が膨らむし、ジャブジャブな金融緩和は企業の投資には結びつかず、株価の上昇やタワーマンションの価格上昇をもたらす。また、潜在的にハイパーインフレの火種にもなりかねない。これでは益々、将来の世代に大きな負担を残すことになる。

　もうこの辺で GDP の成長を追い求めるのは辞めて、生活の質の充実、クオリティ・オブ・ライフ（QoL）の充実に目を向けるべきではないか、と言うのが私の提案である。

　生活の質の充実は、お金で買えるモノだけではない。自然とのふれあい、趣味を楽しむ時間、子供の遊び場、人とのふれあい、助け合いなど、いろいろな要素が組み合わさって「幸せ感のある生活」「クオリティ・オブ・ライフ」が実現するのだと思う。

　人口減少、少子高齢化の時代を乗り越えるには、GDP の成長を追い求める

国づくりから、「幸せ感のある生活」「クオリティ・オブ・ライフ」を実現する国づくりに転換することが、今求められているのではないだろうか。

3）地方への人口分散と東京一極集中の解消

　人口が東京に集中し、地方の過疎化が進む状況で、クオリティ・オブ・ライフの充実を目指す国づくりは出来るのだろうか。やはり「地方分散型」の国づくりが重要になってくると思う。

　ここに面白い研究を進めている学者がおられる。「京大こころの未来研究センター」教授の広井良典氏である。

　広井教授と日立製作所が共同で、2016年に始めた研究で「日本が2050年に持続可能であるために何が必要か」をAIを活用して、経済、少子化、環境など約150の指標を掛け合わせて、2万通りのシナリオを分析した結果、日本の持続可能性にとって最大の分岐点になるのが「都市集中型か、地方分散型か」であることが解ったそうである。

　地方分散型の方が、格差や、健康、幸福の点で優れており、その分岐点が2025年から27年頃に来ることが分析されたそうだ。

　広井教授は毎年ドイツに行かれているが、ドイツでは10万人未満の都市でも活気があるそうで、中心部にはカフェや商店が並ぶコミュニティ空間が広がり、食糧やエネルギーを地産地消するなど、地域に根付いた経済も活発で、経済と環境と福祉が上手く融合しているのを感じるそうだ。

広井教授は、このように云われている。「コロナが起こり都市集中型社会の脆弱性が浮き彫りになった。都市は三密になりやすい構造を持っている。ドイツの感染症死者数が比較的少ないのは、分散型街づくりと無縁ではない。地方分散型への転換は、コロナ後の世界の姿を表していると云えるのではないか。」私も全く同感である。

　これまで日本では、首都移転、道州制の導入、地方創生など、人口の東京一極集中を解消する試みがいろいろ行われてきたが、すべて空振りに終わってきた。

　ところが、今回のコロナ感染拡大防止の自粛要請により、東京の三密状態の負の部分が浮き彫りになる一方、多くの職場でテレワーク、在宅勤務が行われるようになり、都心のオフィスから郊外のオフィスに移動する動きも出ている。

　東京の負の部分に関する数字があったので、紹介しておきたい。

図表2　東京の生活のデメリット

	東京	全国平均	倍率
1㎡当り家賃	2595 円	1319 円	2 倍
1 住宅当り床面積	65.18 ㎡	143.67 ㎡	富山の半分
1 人当り年間食費	52 万円	35 万円	1.5 倍
刑法犯罪数	9.1 件	5.9 件	1.5 倍
通勤ラッシュ	有り	無し	

ご覧のように、全国平均に比べて家賃は 1.5 倍、家の広さは富山の半分、食費は 1.5 倍、犯罪件数も 1.5 倍、毎日の通勤ラッシュと、改めて東京の生活が如何に大変かと云うことが明かになっている。

　オフィスの移転については、先日、パソナグループがこの 9 月から段階的に東京の本社機能を兵庫県の淡路島に移す計画を発表した。経営企画や人事など約 1200 人が対象になる見通しで、本社機能の地方移転という画期的な動きとして注目される。

　また、総務省の人口移動報告によると、この 7 月に統計を取り始めて初めて、東京からの転出者が転入者を上回り、1459 人が転出超過になり、その後 8 月に 4514 人、9 月に 3638 人、10 月に 2715 人、11 月に 4033 人と 5 ヶ月連続で転出超過が続いている。

　東京からの転出者の 6 割を占めるのが 20〜30 代で、テレワークの広がりもあって、生活の質を高めたい若年層にとって、地方移住のハードルは下がっているのではないだろうか。そしてコロナを契機とした働く場所の多様化が、これまで拡大一途だった都市と地方の経済格差を緩和する一助になるのではと期待される。

4) 食糧・エネルギーの自給率向上

　持続可能な国づくりに当たって、食糧とエネルギーの自給率が高いのが望ましいことは云うまでもない。ところが日本の自給率は食糧で 38%、エネルギー

で9.6%と世界でも最も低い部類に属している。

　私は20代の後半に、野村から三木武夫氏の主催する中央政策研究所に一年間出向していた。当時は貿易自由化論議が盛んな時期であったが、ある会合で三木さんが「宮川君、私は1億人の命を預かっている。食糧とエネルギー（当時は石炭）は、どんなに高くても国内で自給する」と言われた言葉を今でもハッキリ覚えている。太平洋戦争のキッカケがアメリカの石油の対日輸出禁止にあり、戦中戦後の食糧難に苦しむ国民の姿を見てきた政治家の心の叫びを聞いた思いがあった。

　地方に人口が分散することにより、農業を再興すると共に、バイオなどによる人工栽培の普及、エネルギーでは太陽光発電、風力発電の普及、さらには各家庭にソーラー発電と高性能バッテリーを設置するなど、地球温暖化対策も含めて真剣に考える必要がある。

　日本が東京一極集中の富士山型から、個性と魅力ある地方の集合体に変わり、食糧・エネルギーの自給率が向上すれば、クオリティ・オブ・ライフの充実した幸せな国づくりに近づけるのではないかと期待している。

3 転換を迫られる日本的経営と産業政策

　国づくりの基盤は経済である。経済基盤がしっかりしていなければ、安定した国づくりは出来ない。経済の中枢は企業であり、それをバックアップするのが産業政策である。いま日本の企業経営が抱えている課題と、これからの産業政策のあり方について考えてみたい。

　1960 年代から 80 年代にかけて、あれほど成功を収めた日本経済が、バブル崩壊後、何故こんなに長期間にわたって低迷を続けているのか。

　バブル崩壊後の後始末に追われた、リーマンショックがあった、東日本大震災があった、といろいろ言い訳があるが、それだけでは充分説明できない。そこをきちっと解明することなしに、次の時代を展望することは出来ないと思う。

　私はその根本的理由は、60 年代から 80 年代のキャッチアップ時代に出来上がった、日本の諸制度、官僚機構、日本的経営の仕組み、教育制度などがそのまま継続され、新しい時代に対応するための改革がなされなかったところにあると思っている。

　バブル崩壊の時期が、ちょうどキャッチアップ時代が終わり、次のステージに転換する時期と重なったことが、問題の本質を見失わせたのかも知れない。また、それまでの成功体験があまりにも大きかったために、改革への意識が低かったことも否めない事実だと思う。

1) 日本的経営からの脱却

　そこでまず、日本的経営がキャッチアップ時代に何故威力を発揮し、何故それがバブル崩壊を契機に光を失ったのかについて、振り返って見たい。

　キャッチアップのステージでは、日本が欲しいものは欧米にすべてそろっていて、日本は如何にそれを取り入れて国産化するか、に目標は絞られていた。まさに「集団で一本道を登る時代」だった。

　日本は海外のモノを取り入れて国産化する能力はとても優れていたが、日本のすごかったところは、国産化の成功にとどまらず、さらに改善改良を重ねて、本物より優れたモノを作り、欧米に逆輸出したところにある。時計しかり、カメラしかり、家電製品しかり、自動車しかりである。

　その頃、私がヨーロッパに出張したときに「もしこの世の中にソ連と日本がなかりせば、我々はもっと幸せに暮らせただろう」という、ブラックジョークを聞かされた。当時、日本からの輸出が彼らの産業に大きなダメージを与えていたことをほろ苦く思い出す。

　そしてこのキャッチアップ・ステージでは、日本的経営が素晴らしい威力を発揮した。日本的経営の三種の神器（終身雇用制度、年功序列賃金、企業別組合）である。

　つまり一度就職したら定年まで勤める、勤続年数とともに賃金は上がっていく、労働組合は企業別に組織されており、まさに次郎長一家ならぬ、企業一家

である。

　みんな自分の勤めている会社のことを「うちの会社」「私の会社」と自然に云っていた。工場の現場では親子二代に渡って勤めていることを誇りに思っている人がかなりいた。

　ところが、欧米にキャッチアップするモノがなくなり、これからは自分で考え、自分で新しいモノを開発するリードする立場に立って、この次郎長一家的な日本的経営の長所は、短所となって日本の発展を妨げることになった。

　思い切った経営改革でリストラしようとしても終身雇用が足かせとなり、イノベーションに必要な若手の人材を登用しようとしても、年功的な人事制度が足かせとなっている。

　また、日本の労働行政が日本的経営を前提に出来ていることも改革を進める足かせになっている。

　また、高度成長期に活躍した創業経営者達が、一線を退きサラリーマン経営者に肩代わりしたことも大きく影響していると思われる。

　サラリーマン経営者は、通常任期が4年か6年なので任期中の失敗を恐れて守りの経営になりがちである。今、創業者型の経営者と云えばユニクロの柳井さんぐらいで他に見当たらない。バブル崩壊後、30年にわたって日本経済が長期低迷を続けた一番大きな原因はここにあると私は考えている。

　最近になって、ようやくジョブ型雇用、職能給を取り入れようという試みが

出始めた。また、その前段階的な動きとして、副業の促進、週休3日制など柔軟な働き方を選択させようという動きも出始めた。

　これらの動きの背景には、①生産年齢人口の減少による働き手の確保、②IT人材などグローバル市場での人材確保、③コロナによる給与カット、賞与カットを行う代わりに他の収入を確保しやすいように副業を認める、などがあると思われるが、いずれにしろ、長年続いてきた一社で拘束する代わりに企業が社員の生活を守る責任を負うと言う終身雇用制度が大きく揺らいできたことは間違いない。

　これを多様な働き方が出来るようになったと前向きに捉えるか、企業が人件費負担を減らす合理化の手段と見なすか、プラス・マイナス両面の見方が出来るが、これから日本がグローバル社会の中で生きて行くには、これを前向きに捉えて社会全体を変えていく必要があると思う。

　また、この動きを加速させるためには、リカレント教育をもっともっと充実させる必要がある。生涯にわたって、教育と就労を繰り返す「リカレント教育」は、もともと欧米では一般的な教育制度であるが、日本では新卒一括採用、長期雇用制度があったため、社内での人材教育は行われたが、専門職育成や転職を前提とした教育は行われてこなかった。これから、ジョブ型雇用、職能給を本格的に導入するには、リカレント教育の必要性が、個人、企業双方から高まって来ると思われる。

2) 製造大企業中心からサービス業・ソーシャルビジネスへ

　日本的経営の課題について述べてきたが、次に産業政策のあり方について考えてみよう。まずは、モノからサービスへの重点移動である。

（1）モノからサービスへ

　今回のコロナ騒動で、改めて我々の生活にとって必要なものは何かが浮き彫りになってきた。医療、介護、保育に始まって、飲食、コンビニ、スーパー、宅配、さらには旅行、スポーツ、映画、演劇と、すべてサービスである。また、旅行、スポーツ、演劇など、かっては不要不急と言われたものが、生活の必需品となっている。

　このことから解るように、日本経済は「モノ」から「サービス」に急速にシフトしており、すでにGDPの７０％はサービスが占めている。

　にもかかわらず、日本の産業政策は、いまだに通産省、経団連の製造大企業中心に動いており、この辺にもキャッチアップ時代の成功事例から抜け出せない官僚の前例踏襲のなごりが残っている。

　もっとも、サービス業は中小零細企業が多く、政策面では今まで保護とか規制の対象として扱われることが多く、生産性向上とか、イノベーション振興と云った前向きの産業政策はほとんど採られてこなかった。

　そのため、サービス業の生産性は、製造業の70％であり、アメリカのサービ

ス業と比較すると50%の低さにとどまっている。

　サービス業の生産性向上には、これまで以上に研究開発投資を増やしていく必要があると思われる。全産業の研究開発投資に占めるサービス業の比率は、ヨーロッパはほぼ50%、アメリカは50%を超えているのに対して、日本では21%と低い水準にとどまっている。今後少なくともヨーロッパ並みの 50%まで高めていく必要があろう。

（2）デジタル化

　この問題と絡んで今注目されているのはデジタル化である。最近はネット販売、弁当の宅配、シェアリングなどはいずれもデジタルを活用する場面が増えており、デジタルに強い人材の育成も重要になってきている。今や世界を席巻している GAFA や BATH など、いずれもサービスとの組み合わせで巨大な帝国を築いている。

　今回のコロナ騒動で、改めて日本のデジタル化の遅れが浮き彫りになってきた。しかも、その原因がデジタル化以前の問題であり、役所の縦割り行政、がんじがらめの規制、それに守られてきた既得権益者の抵抗、ハンコ文化などなど、コロナがこれらの問題を浮き彫りにしたのは、なんとも皮肉なことである。

　管新内閣は、規制改革を1丁目1番地に掲げ、デジタル庁の新設を目指しているが、遅まきながら日本社会のデジタル化が進み、それがサービスの生産性向上につながることを期待している。

（3）ソーシャルビジネス

このサービスの問題と関連して，社会的に求められる新しいサービスの必要性が増していることを指摘しておきたい。

大気汚染や地震、風水害などの自然にかかわる災害のほかに、今回のコロナ危機のような「社会的危機」にあたって、病院や介護施設、保健衛生施設などは人間が生きていくためにどうしても必要なものは、「社会的共通資本」と位置づけられるが、これらの基礎的サービスがこれほど脆弱だったのかと驚かされる。

これらはいままではどちらかというと公共的なサービスに任されてきたが、これらをも含めて新しいサービスとしてとらえなおす必要がある。本書ではそれらをも含め社会的な機能を果たす新しいサービスのあり方を「ソーシャルビジネス」してとらえ今後大きな役割を果たすものと期待している。

3）イノベーション、起業意欲を高める環境づくり

第2節で、GDP の成長から QoL の充実へと提言したが、いくら GDP の成長を追い求めないと云っても、経済の基盤がしっかりしていなければ「幸せ感のある国づくり」は出来ない。

ジョブ型雇用への切り替えや、サービス産業の生産性向上はもちろん重要だが、その前提となるのが人材である。今の日本にとって最も欲しいのは、新しいものに挑戦するイノベーション人材であり、起業意欲に満ちた人材である。

人材育成については、国の政策や企業の受け皿づくりも重要だが、なんといっても教育のあり方が一番重要であろう。

　イノベーション人材には、次のような要素が求められる。

・協調性、勤勉性より自己を主張する主体性、異質なモノを認める多様性

・知識の多さより新しいモノを想像する力

・ハウツー型より「なぜ」をとことん考える力

・全科目バランス型より、深い専門性

　こういう人材は、今の知識詰め込み型、偏差値重視の学校教育のやり方では、なかなか育たない。また、学校教育だけでなく、家庭での子供の育て方、さらには日本人の持っている価値観「出る杭は打たれる」的発想も関係してくるのかも知れない。

　いずれにしろ、これは教育の問題と深く関わってくるので、次の第4節で教育の問題を取り上げ、そこでより深く考えてみたい。

4 教育の抜本的改革 一杉林から広葉樹の森へ一

　キャッチアップ時代の日本の教育は、知識水準の高い、協調性のある同質の生徒、学生達を如何に世に送り出すのかが重要視されてきた。まさに「同質で、すぐ役に立つ杉の林」が求められたのである。

　今考えれば「ジャパン・アズ・ナンバーワン」と言われた 1990 年頃から「広葉樹の森」の方に教育の舵を切り替えるべきだったと思う。必死に追い求めてきた欧米の先進国に追いついて、「さて次は何を目指すのか」と立ち止まってじっくり考えるべきだった。

1）　知識・偏差値重視から考える力・多様性重視の教育へ

　バブル崩壊の後始末に追われ、リーマンショック、東日本大震災の対応に追われとはいえ、この 30 年間の教育改革の遅れは残念でしかたがない。

　変革の方向は、「知識詰め込み型の教育、偏差値重視の教育」から、「生きる力」「考える力」「多様性重視」の教育への転換である

　そうは云っても、具体的にどこから何を改革していったら良いのか思いあぐねていたところ、私のイメージにぴったりの大学が大分県別府市にあった。

　2000 年 4 月開学の「立命館アジア太平洋大学（APU）」である。

図表 3 「立命館アジア太平洋大学（APU）」の概要

設立： 2000 年 4 月

学生数： 6000 人

うち留学生： 3000 人　出身国　92 カ国・地域

教員： 半数が外国籍、全員が日本語と英語が出来る

学部： アジア太平洋学部、国際経営学部、近く地域開発・観光が学べる学部
を新設予定

目指す将来像として「APU2030 ビジョン」が策定されており、そこには「APU
は世界に誇れるグローバルラーニング・コミュニティを構築し、そこで学んだ
人達が世界を変える」と高らかにうたっている。

　今の学長は 4 代目だが、あのライフネット生命を創業した出口治明さんである。最近よく売れている「還暦からの底力」の著者でもある。この人の学校経営の考え方が面白い。

　「APU は、尖った学生を集め、混ぜる教育を行う多文化共生キャンパスである」「日本が衰退したのはユニコーン企業が生まれなかったからで、ユニコーン企業は世界中から集まった『変態オタク』がワイワイガヤガヤ議論する中から生まれる」。大学は東大に代表される偏差値型と、APU に代表される、好きなことを徹底的に伸ばす「変態オタク型」の 2 つのパターンを作るべきだと思う。

大学がみんな偏差値型だったら、東大を頂点とする富士山のような広がりとなり、それでは多様性は発揮出来ない。やはり八ヶ岳のように、いくつもの峯がなければならない。様々な個性ある大学が存在し、学生の多様なニーズにマッチしない限り、日本の未来はない。そして APU は変態オタク型の頂点に立てると確信していると言っておられる。

2) APU の事例にみる新しい教育の試み

APU に入学する学生は、APU を選択した段階ですでに尖っているそうだ。日本人の学生のうち、地元の九州出身者は 3 割で、後の 3 分の 2 は、そもそも大学の多い東京、大阪、京都といった大都市から来ていて、彼らが別府の山の上の大学を選んだ段階で、相当尖っているのだろう。

1 年生は、原則全員寮に入る。寮は 2 人 1 組で使うシェアタイプで、日本人と留学生の組み合わせで使う。片言の日本語と片言の英語で 1 年間一緒に生活すれば、いやでも多様性が身につくと思われる。

起業意欲の高い学生のために、2018 年に「APU 企業部」を作り、大学としていろいろ側面援助をしている。すでに 4 組が実際に起業し活動をしてるそうだ。また、地域との交流も様々な形で進めており、将来別府に住み着いて活動する学生も増えてくると思われる。

こういう大学が地方にいくつか出来るといいなあと思う。学生のためにも、地方活性化のためにも。学校の新設が無理とすれば、今ある地方の大学が新し

い学部を創設して活動するだけでも、地域活性化の一助になるだろう。

　APUの事例を通じて、これからの教育のあり方について考えてきた。もちろんこれは1つの例で、極端な例かも知れないが、私はこの中に今の教育を変える沢山のヒントがあると考えている。

　また、コロナは小中学校の先生方にも「教育とは何か」を考える機会を与えている。

　ある先生は、「コロナの感染拡大を通じて、私たちは改めてリスクを背負って生きる時代にいることを実感した。学校で学べない日があることが現実となった今、子供達に本当に必要なのは、知識を詰め込むことではなく、自分で学ぶ力を養っていくことだと再認識した」と云っている。

　また、ある先生は、「長い学校の休校を通じて、学校は何のために？を問いかける機会になりました。計算ドリルのためではない。学校は社会に参画するために必要な基本的なスキルを身につける場です。」と言っている。

　まさにコロナが、教育の現場にいる先生方に、教育の本来あるべき姿を真剣に考える機会を提供している。なんとか、こうした声が教育行政を司る人達の心に響き、新しい教育の方向に踏み出す機会になることを切に願っている。

　以上で、私が重要と考える提言を述べてきたが、バブル崩壊以降、長い低迷状態を続けてきた日本の経済・社会がコロナを契機に「未来に希望が持てる国づくり」の方向に変わっていくことを心から願っている。

コロナ後に芽生える新しい社会

玉田　樹

はじめに

　新型コロナによって、学校の休校措置で働く親が家にいることを余儀なくされ、また「集近閉回避」[i]で仕事が成り立たない状況が生まれ、世の中が大きく混乱している。

　こうした事態を目の当たりにするにつけ、わが国の社会はとても脆弱な仕組みのなかに置かれていることを実感することになった。

　国民が自己防衛する手段を持っていないのである。

　この小論では、こうした事態に対してどのような社会をつくっておくべきかを考え、あわせて新型コロナが去ったあとの焼け野原に新しく芽生えてくるものを見つけ、何を育てていくべきかを展望したい。

1 「家庭」が復権する新たな社会

1） 三世代同居の社会づくり

新型コロナがまず提起したのは、いまの社会が学校や保育所に子どもを預けることを前提に組み立てられ、これに安住する社会でいいのかが問われたことである。

四半世紀前に始まった「サービス経済化」は、家庭が本来もつべき機能であった子育て、介護、食事、庭仕事などを外部のサービス提供者に委ね、家庭の機能をもぬけの殻にした。それでも家庭が維持できるので、女性の社会参加が生まれ、女子の四年制大学の進学率が急激に高まって、25〜40歳の子育て世代の女性就業率はかつての50％から現在では80％近くまで達し、男性の92％と遜色のない働き方になった。

そのうえ、亭主の給料が上がらないので、主婦がそれを補てんするために働き、その家計に占める割合はかつて4％程度であったが、いまや12％にまで高まった。主婦が働くことが、家庭維持に必要不可欠なものとなったのである。

女性の社会進出を促すために、これまで保育所、育児休暇など多くの環境整備がなされてきた。しかし問題は、それだけでは今回のような事態〝いざというとき〟に通用せず、手も足も出なくなることが明らかとなったことである。

これへの対応として、テレワークが有効に機能した。揺籃期にあったテレ

ワークを政府はオリンピックに向け東京周辺の企業に働きかけてきたが、今回のことでこれは東京圏だけを優先するのではなく全国で整備を急ぐべきことが示された。

ただ、テレワークといっても働く人すべてができるわけでもない。〝テレワークに適した職種がない〟のは大企業でも 20％あり、中小零細企業では50％にも及ぶ。事務職にはこのテレワークが有効だが、現場をもつ人たちはどうすればよいのか。

そこで、三世代同居というものを、改めて考えてみる必要が生じたようだ。今回のコロナは、核家族だから社会が脆弱になっていることを明らかにしたのである。

田舎にいくと、爺、婆が孫たちの通園、通学に付き添う姿をよくみかける。そして両親は安心して共働きに出る。こうした状態の復元にトライすべきことを、今回のコロナは示した。

三世代同居は激減してしまった。全国では1985 年に24％あったものが今では 9％となり、田舎でも 3 軒に 1 軒あったが今では 7 軒に 1 軒になった。

これは、人々の価値観の変化によるところが大きいが、政府が核家族中心のマイホーム一辺倒の政策を行ってきたことによる。1980 年に住宅数が世帯数を上回ってからも、政府は住宅着工件数を増やすことに執着して、今や独居老人を増やし、住宅総数の 14％もの空き家を生んで、その対策を練る、まるで

マッチポンプのような政策を行ってきた。

　まずはマイホーム政策の旗を降ろす。そして、親、子、孫が一緒に暮らせる三世代同居の住宅政策に切り替える。大人数が住むための増改築に税優遇をする。増改築が難しければ、田舎の空き家を手に入れ都会にもつ家と同一住宅として「二地域居住」[ii]を推進する。三世代住宅は一か所である必要はなく、「二地域居住」はテレワークで都会勤務地の仕事を可能にし、また野菜の自給を可能にする。

　多少の我慢があれば、本来の家庭の機能は復活し、亭主は生涯つきまとう住宅ローンから解放され、主婦は心おきなく仕事に専心でき、これまでにないゆとりと温かさを手に入れることができる。

2）夫婦「1・5稼ぎモデル」の社会づくり

　そして、「夫婦共稼ぎ」という働き方について考えてみる必要があることを、今回のコロナは問題提起した。昔は夫のみが働きにでる「1・0稼ぎ」であったが、今では夫婦二人ともが働きにでる「2・0稼ぎ」になっている。この「2・0稼ぎ」では、いざという時に家庭はまったく〝糊しろ〟を失った「リスクに対し野ざらし」状態になる。

　ここに、「1・5稼ぎモデル」[iii]というものがある。夫婦二人で1.5人分働く形態である。オランダは1982年に、経営と労働、政府の三者が一体となってか

の有名なワッセナー合意を行い、今では、正規雇用とパートの賃金を同一化し、その両者間の移動を本人の意思に委ね、パートは労働時間を本人が決められることになった。

こうして、オランダではすでに「1・5稼ぎモデル」が行われている。「夫1.0＋妻0.5」、「夫0.5＋妻1.0」、「夫0.8＋妻0.7」などである。夫婦二人の間に、0.5人分の〝糊しろ〟が生まれる。

わが国が、もしこのような環境にあったら、今回のような混乱は起きなかったに違いない。わが国は〝糊しろ〟がない「2・0稼ぎ」状態に近いが、「1・5稼ぎモデル」に近づく方法はあるのか。

それは、働き方改革にあわせ始まった企業の「副業」を一歩進めて、「兼業」ivを可能とする社会をつくることがひとつの手になる。

「兼業」とは、会社の業務時間の一部を割いて〝自己裁量のことをする〟ことで、いわば個人のワークタイムをシェアリングすることである。「兼業」の時間は、副業や起業はもとより、育児、介護、ボランティアなどさまざまな活動に使われる。その代わり、その分給料がカットされる。夫婦が同時に3割兼業となれば、「0.7＋0.7≒1・5稼ぎモデル」となるのである。

このようにして夫婦は〝糊しろ〟を自ら手に入れ、今回の事態に備えることができる。

現在進行している働き方改革は、ここまで進化してこそ、今回のようなコ

ロナに対処する有効な仕組みとして機能するということだ。こうして、人々は改めて「家庭」をよりどころとしたリスク回避が可能となる。

3) わが国が「1・5稼ぎ」の国になるために

だが、そうは問屋が卸さない現実がある。確かに女性の就業率は高まったが、わが国は本当に「2・0稼ぎ」の国なのか。女性の働き方をみると、正規雇用者は45%、パート（派遣含む）が55%である。パートは正規雇用者の半分の労働時間で、しかも時間給が半分にも満たない。

したがって、わが国の夫婦は

・就業率からみると「1・84稼ぎ」

・労働時間からみると「1.73稼ぎ」

・収入からみると「1.15稼ぎ」

であるという実態がある[v]。

なにやら不可思議な構造をしている。労働時間からみると「2・0稼ぎ」に近いのだが、収入はまるで「1・0稼ぎ」のようである。つまり、夫や妻のどちらかが3割兼業すれば、労働時間は「1・5稼ぎモデル」を実現できるが、収入の面では「1・0稼ぎ」を割ってたちどころに生活が成り立たなくなる。

だから「1・5稼ぎモデル」を実現するためには、夫婦の収入の底上げが必須となる。まず非正規雇用者の賃金の低さを解決し、そして最も重要なこと

は、わが国雇用者全体の賃金が四半世紀も低く抑えられている現実を変える

ことである。

2　企業の内部留保を活用する社会

1）給料の頭抑えで生まれた企業の内部留保

　なぜ、給料は低いのか。企業が内部留保にしか関心をもたなくなったからである。かのリーマンショック時に、不況を乗り切る手段として本来、企業が最後にやるべき「従業員の首を切る」ことを〝最初〟に行い、この味を覚えてしまった。従業員が軽く見られ始めたのである。従業員は「いつ、首を切られるかわからない」状態に置かれることになった。だから、「都会で雇用されるよりも、田舎で生業をつくりたい」[vi]という気持ちを生み、結婚しても妻が働いて子どもなんか産まない方がいい、いや結婚なんて馬鹿らしいということになったのではないか。少子化の原因は、企業の内部留保が安定雇用や給料に回らないことにある。

　財務省によれば、企業は内部留保として利益剰余金（公表内部留保）を年々積み上げ、現在では 463 兆円に達し、加速度をつけ増えている。

　これは、従業員の給与の頭抑えを最大の要因として、純利益が増えてきたことによる。わが国企業の人件費総額は、25 年もの長きにわたりおよそ 150 兆

円のままが続いている。非正規雇用の全雇用者に対する割合をこの 25 年間に 2 割増やし 4 割にしたので、一人当りの給与は 1990 年代後半の 390 万円から今では 360 万円に減ってしまった。

　また、法人税の減税がある。かつて法人税率は 37.5%であったが、企業の国際競争力を高めるという名目で段階的に引き下げられ、現在では 23.2%にまで低下している。これによって企業は毎年 7 兆円にのぼる純利益の確保を可能とした。

　そして、株主優先の経営によっていまや 10 年前の 2.5 倍の配当が行われているが、それを上回る純利益によって内部留保は拡大の一途をたどっている。

　加えて、設備投資は毎年 50 兆円に届くかどうかでウロウロし、減価償却を超えない範囲で行われている実態がある。有形固定資産やソフトウェア投資が少なく、新規投資が行われなくなってしまった。

　この結果、わが国法人企業全体の B/S「貸借対照表」の 2011〜18 年の 7 年間の増減額は、調達サイドでは全体の 6 割弱を繰越利益剰余金が占め、運用サイドでは現・預金に加え投資有価証券が全体の 5 割強を占めることになった[vii]。このコロナには手元流動性の多さは安心材料だろうが、何か異様なのである。

2）内部留保の吐き出しは次の時代の第一歩

　従業員の給与総額は 2018 年実績で 158 兆円である。仮に企業が 2011 年か

ら18年までの内部留保の〝増加分〟の20%を給料に回していたら、158兆円が206兆円、1.3倍、年率3.5%の給与の増加となり、あるいは10%を回しただけでも給与総額は182兆円、1.15倍、2%増となって妻の収入の大きさを超えていたことになる。

　年率3%前後の給与の増加があったら、「1・5稼ぎモデル」を実現して、人々はもっとまともに暮らせたはずではないのか。

　これが実施されてこなかったため、企業が自発的に内部留保の活用をしないのなら、積み上がる内部留保の年間増加分への「課税」を必要とする意見が出始めた[viii]。また今回のコロナで大きな財政出動があるため、今後、大増税があると巷間ささやかれている。その候補は、減税が生かされなかった法人税や内部留保の増分に対する課税である。

　だから、政府に巻き上げられる前に、企業自らが「内部留保確定前の利益を引っ剥がす」ことが賢明となる。

　さらに、もしこの「課税」が行われれば、いずれ確定済み内部留保への「資産課税」もありうることになるため、これを避ける工夫が必要になる。

　今回のコロナで最も危惧されることは、〝味を覚えた〟従業員の解雇である。しかしこれをやれば、人手不足の折、景気回復時の戦力の再調達は困難となる。これを防ぐため、休業にして拡充される雇用調整助成金や失業保険の〝みなし〟休業補償でしのぐ。だがこれだけでは不十分であるから、政府依存するばかりで

なく、内部留保の活用を行い、臨時給与を出すことや従業員の休業補償の穴埋め
をする宣言をしたらどうだろう。

これは、単に株主優先ではないことを内外に示す絶好の機会となる。折しも、
米国では株主優先主義が見直され、従業員や地域社会を大切にする企業に転換
し始め、このコロナでは欧米銀行は自社株買いや配当の中止を決めた。

わが国企業は、この 20 年間あがめてきた株主優先主義をかなぐり捨て、米
国に再び追随するのではなく、従業員を大切にしたわが国独自の企業に再び回
帰する第一歩を踏み出すチャンスである。

これを生かすことが、歪んだ社会を正常化する唯一の道である。賃金にメス
を入れ「人的資本」を充実させなければ、将来は危うい。企業はじめ労働組合
の責任は重い。

3) 第 2 フェーズのグローバル経済への対応

OECD が示す製造業の時間給の為替レート換算による国際比較によれば、
2010 年を 100 とすると 2019 年では、わが国は 105 とわずかな伸びであるの
に対し、アメリカは 167、イギリスは 144、ドイツは 139、フランスは 128 と
大きな賃金の上昇がみられる。その結果 19 年のわが国の賃金は、欧米諸国よ
り 3〜4 割も低い賃金となってしまった。

これは、平成時代の物価上昇率の低さに加え、グローバル経済の「要素価格

均等化」によって賃金の下げを余儀なくされたことをもうひとつの理由にして、企業がこれに胡坐をかいた結果である。

　しかし欧米諸国の賃金の上昇は、グローバル経済の第1フェーズが終了し、すでに第2フェーズに入って競争の土俵が変わったことを示唆する。もはや輸出競争力のために賃金の安さを競うのではなく、次世代の「産業づくり」の競争に土俵が移ったとみられるのである。しかし、賃金の頭抑えをみると、わが国はこれに10年出遅れてしまった。

　途上国が第1フェーズの経済のグローバル化で「モノの経済」という側面で競争力を備えたのなら、わが国はそこに止まって同じ土俵で競争してもはじまらない。これを包含する「新しい産業」をつくることに競争の土俵を移すことが、すでに求められる時代になったということだ。

　これまで貯め込んできた内部留保は、〝投資先が見つからない〟などと惚けず、国際競争に真正面に向き合って活用される必要がある。この「新しい産業」づくりの設備投資、人的投資のために発動されることにならざるをえないのである。

3. 新しい産業としての「社会システム産業」

1）「社会システム産業」とは

　「新しい産業」とは何か。その重要なヒントを、新型コロナは提示してくれた。

　人々はテレワークが新しい働き方の重要な手段であることを知った。また、役所はオンライン申請の環境を整えるべきこと、学校もネット授業が不可欠であり、医療環境もネットワークへの対応が必要なことを教えてくれた。

　ネットワークが、単なる買物や情報取得に使われるのではなく、会社、行政、教育、医療の分野はもとより、今後は福祉、交通、環境、メンテナンス、防災など幅広い社会のシステムにかかわる分野で、日常生活や現場仕事などの〝現実社会〟を支援するリアルな社会に応用されるべきことを示したのである。その意味は限りなく大きい。

　小宮山宏元東大総長は、われわれは地球環境問題、高齢化問題、需要不足の3つの課題に直面しているという。なかでも需要不足の問題に手がつけられていないため、「環境、医療・健康、教育、インフラ整備・維持管理等の分野で解決すべき課題が膨大にあります。これまで、日本では、こうした分野は産業ではなく、社会コストとしてとらえられてきました。しかし、コストではなく、投資と考えるべきです。そして、その投資が持続するには産業として成立する

ようにすることが必要です」と述べる[ix]。

　新型コロナは、従来は税金投入により社会コストとみなされてきた分野を対象に、IoT（Internet of Things）を使って産業化をすべきことを示した。

　こうした社会コストの分野は、これまで部分的に〝ソーシャル・ビジネス〟の方たちに支えられてきたが、これからはここに IoT を使った「社会システム産業」[x]というものが生まれてくるだろう。

　IoT で〝現実社会〟を支援する「社会システム産業」・・・。実は、この概念は 30 年前から生まれていた。1989 年、野村総研にやってきたイギリス人が「日本は先端産業のトップを走る国だから来てみた。しかし、なんだ、日本の先端技術は、〝社会〟に使われていないじゃないか」　と文句を言ったのが始まりである。ハンディキャップの人が街を歩くことを補助するのに、何故、先端技術が使われていないのか、ということである。

　その 10 年後の 1999 年に、政府は〝ミレニアム・プロジェクト〟と称して、全省庁をあげてこの「社会システムの〝市場〟」を開拓すると意気込んだが、うまくいかなかった。そして、20 年後の 2017 年に政府は「地域未来投資促進法」「地方創生基本計画 2017」で「社会システムの〝市場〟」は〝成長市場〟だと高らかに謳った。しかし、その市場をどう掘り起こせばいいかを全く示さず、放り投げてしまった。

　要するに、「社会システムの〝市場〟」に気づきながらも、これをどう産業化

すべきかの知恵が浮かばなかった 30 年なのである。

　これを突破するには、IoT を活用すべきだ、と教えてくれたのが新型コロナ
である。IoT の進展は、世の中の姿を変える。インターネットのアドレスは、
これまで全世界で 43 億個しか取れなかったため、せいぜいパソコンにしか繋
げなかったが、いまでは 340 澗個（340×10 の 36 乗）となり、これにセンサー
が付帯して〝あらゆるモノにつながるインターネット〟が生まれた。加えて
IoT は、モジュール化を進展させ、これをカプセル化して API（Application
Programming Interface）で相手に容易に渡すことが可能にした。

　「社会システム産業」は、この IoT を活用して、福祉、交通、環境、メンテ
ナンス、防災など社会システムの市場に対し、〝人々の生活を支援〟すること
を事業目的にした企業の一群が形成する産業として生まれる。

　政府は「Society 5.0」を掲げ IoT がもたらす将来社会の姿を展望するものの、
そこで思考停止してしまっている。一向に〝産業〟の姿がみえない現実が続い
ているのである。これを突破するのが「社会システム産業」である。

2）「社会システム産業」のビジネスモデル〜「B'」中小企業と組む

　「社会システム産業」を具体化するとき、「BtoC」のビジネスモデルは通用
しない。これまでの IT 社会では、大企業が消費者に直接サービスする「Bto
C」のビジネスモデルが当たり前であったが、この IoT を使った「社会システ

ム産業」では、「BtoB'toC」、つまり「B'」を加えたビジネスモデルの構築を要請する。

　パナソニックは家庭トイレから情報をえて健康診断する「くらしネット」を行ったが、見事に失敗した。「BtoC」では駄目だったのである。そのため、パナソニックは「こうした事業を行う場合、すでに地元サービスをしている事業者「B'」と組む」と宣言し、「BtoB'toC」に切り替えた。セコムも同様なサービスを「BtoC」で行ったが、これも失敗した。そのため、セコムは患者「C」にすでにサービスを提供している病院「B'」と組むことに切り替えた。

　つまり、〝現実社会の問題〟を解決しようとするとき、大企業の〝独りよがり〟の思い込みで事業をやると失敗するので、すでに地域で人々の生活や現場支援を行っている中小事業者の知恵を取り入れることをしなければ、「社会システム産業」は成り立たないということである。

　政府は「つながる家電」の事業普及を開始した。各家庭の家電の稼働状況を見て、例えば一人暮らし老人家庭に必要なサービスを提供するものである。そこに、「B（2社以上の家電メーカ）＋B'（2社以上のサービス事業者）＋C（家庭）」のビジネスモデルを用意した。これは優れて「社会システム産業」の一翼を担うものと考えられ、この分野の世界標準を狙っている。

　このように、「社会システム産業」を具体化しようとするとき、〝自分の会社1社ではできない〟という自覚から始まり、〝誰と組むか〟というシステム思

考を働かせ、そしてこの組み合わせにおいて、これまでの工業製品はひとつの部品、モジュールとしてどう活かすか、という発想への転換が求められるのである。

3)「消費文明」から「人に優しい文明」へ

わが国が「社会システム産業」が隆盛する国になれれば、製造業の衰退を嘆くのではなく、家電や自動車などその成果物をひとつのモジュールとして使い、IoTネットワークによって人々の現実社会を支える社会が到来する。

その結果、これまでのモノに依存し〝暮らし向き（Living）〟を向上させる「消費文明」を乗り越えて、人々の〝生活や生きざま（Life）〟を支える「人に優しい文明」が生まれるだろう。

いま、アンチGDPとしてのSDGs（持続可能な社会）に世の関心は向いている。しかし、ここに2つの問題が横たわることになった。ひとつは、SDGsには、経済をどうしていくのかの議論が欠けていることだ。わが国は「Society 5.0」を標榜していると言ったところで、ここには産業論がない。いまひとつは、世界的なSDGsの議論の盛り上がりと逆比例するかのように、「日本が遅れてしまった」ことである。

この2つの問題を同時に解くカギは、「社会システム産業」を作ることにあると考えている。むかし、アメリカで〝スプートニク・ショック〟があった。宇

宙競争でアメリカがソ連に負けて、アメリカ全土が上へ下への大騒ぎになって、ソ連に対抗してとてつもない努力をしたことがある。今の日本が置かれている立場はそれに似ているが、何故か上へ下への大騒ぎにならない。

このコロナは、「遅れてしまった日本を取り戻す」という危機意識を共有せよ、そしてその発露の先は「社会システム産業」にある、と言っているように思えてならない。デジタル庁ごときで、お茶を濁しているようでは、日本は駄目になるのである。

新型コロナの焼け野原から、「モノの経済」を包含して、人々の生活に寄り添った「人に優しい文明」を支える「社会システム産業」が生まれる。これを育てていくことが、われわれの課題となった。

新型コロナはこうした置き土産を残すことになった。

4 「豊かさ」から「よりよく生きる」社会へ

1） 2000 年に起った価値観の転換

これまで、この新型コロナを契機に、「三世代同居」、「1・5 稼ぎ」の社会を目指すべきだ、また、企業の内部留保を活用して「社会システム産業」をつくり「人に優しい文明」を目指すべきだと述べてきた。

これらは、コロナに対応する単なる思いつきで書かれたものではない。20 年

前からわが国の多くの国民が、「豊かさ」はもうやめにして「よりよく生きる」社会を作りたい、という思いを実現するものとして述べてきた。

　では、「豊かさ」はもうやめにして「よりよく生きる」社会を作りたい、という思いはどこから生まれてきたのか。そのことを少し説明しておこう。

　国民の価値観は、戦後長いこと「豊かさ」を追い求めるものであった。これが、今から 20 年前の 2000 年に、どうやら「よりよく生きる」に変ったようだ。[xi]

　野村総合研究所が 3 年に 1 回、全国 1 万人アンケート調査を継続的に行っている。それによれば、「より良い生活のためなら今の生活を変えることにもチャレンジしていきたい」とする人が、1997 年には 45％であったものが、2000 年には 68％と急増した。

図表1　　日常生活の考え方			
			（単位：％）
日常生活の考え方	1997年	2000年	差
・より良い生活のためなら今の生活を変えることにもチャレンジしていきたい	45.2	67.7	22.5
・積極的に社会のために貢献したい	77.1	76.4	▲ 0.7
・一流企業に勤めるより自分で事業をおこしたい	49.0	45.3	▲ 3.7
・日本の国や国民を誇りに思う	68.7	65.3	▲ 3.4
（出所）NRI生活者1万人アンケート調査（1997年4月，2000年6月）			

　なぜこのような急激な変化が起ったのか。考えてみれば、バブル崩壊後、世の中は一挙に暗くなり、1990 年代後半には多くの企業の倒産、政府に不祥事が多発、犯罪検挙率の低下、制御できない荒れる学校などに加え、1997 年に減税廃止・消費税・社会保険料アップの増税があったものだから、ひとたまりもな

かった。人々は身構えたのである。「政府はあてにならない」、だから「自分の
ことは自分でなんとかするしかない」と思ったとしても不思議ではない。

　国民は自らチャレンジし「よりよく生きる」道を選びはじめたのである。こ
れまでの政府に〝おんぶにだっこ〟によって得られる「豊かさ」に、国民はオ
サラバを始めたのである。その3年後、2003年に行われたアンケートでは、
「豊かさ」33％に対し「よりよく生きる」38％とすでに優位な価値観になりは
じめている。

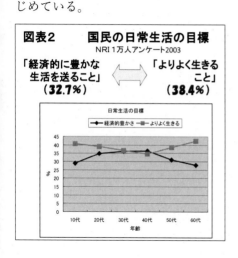

図表2　　　国民の日常生活の目標
NRI 1万人アンケート2003
「経済的に豊かな
生活を送ること」
（32.7％）
「よりよく生きる
こと」
（38.4％）

2）「よりよく生きる」価値観の諸相

　「よりよく生きる」とはどういうことなのか、「豊かさ」価値観との対比でみ
ておこう。「豊かさ」の〝みんなと同じにしていれば〟という受動的立場から、
「よりよく生きる」では〝右肩下がりへの構え〟というチャレンジの立場にな
る。同様に、結果平等から機会平等へ、「暮らし向き（living）」をよくすること

から「生き方 (life)」の変革を求めることに変わるのである。元英国首相チャーチルは、このことを見事に言いきった。

そして画一から多様へ、親方日の丸から自主・自立へ、「公助」重視から「共助・自助」への重心の移動、などに軸足が変化する。

こうした価値観の変化は、2000 年から始まったと考えられるが、これまで、なかなか世の中に明確な姿を現すことはなかった。

しかし、このコロナは、その価値観変化を加速化するだろう。そして、この変化とほぼ同時に現れた IT から IoT への変化は、「よりよく生きる」ことを〝現実社会の支援〟という点からサポートするものとして注視しておくべきと考える。

図表3　　2つの価値観の違い

	「豊かさ」追求	「よりよく生きる」
①	1945～1980年経済的豊かさ 1980～2000年こころの豊かさ	2000年～ よりよく生きる
②	受動的・静的(右肩上がりの恩恵)	能動的・動的(右肩下がりへの構え)
③	みんなと同じにしていれば・・・・・	チャレンジしよう・・・・
④	結果の大きさ重視	プロセス重視
⑤	結果平等	機会平等
⑥	リスク・レス	リスク・テイク
⑦	暮らし向き(living)	生き方の質(life)
⑧	We make a living by what we get,	but we make a life by what we give.
⑨	画一的	多様性
⑩	親方日の丸、おんぶにだっこ	自主、自立
⑪	公助	共助、自助
⑫	安心社会	信頼社会

3）「よりよく生きる」価値観が求める社会

　国民が求めはじめている「よりよく生きる」ことができる社会を実現するためには、相当な構造改革を必要とする。

　社会の仕組みは、国民の価値観を実現するために組み立てられる。だから、これまで「豊かさ」を実現するために、マイホーム、終身雇用、進学教育政策がとられてきた。これが「豊かさ」という価値観の目標を達成するのに合理的であったからである。しかし、「よりよく生きる」という目標のもとでは、それに見合った別の社会の仕組みに作り直す必要がある。

　その概要を示すと、図表4のようである。

　これまでの「A．マイホーム」はすでに述べたように〝三世代同居（二地域居住）〟政策に変更される。「B．終身雇用」はすでに10％の副業者を生み崩壊を開始し、さらに〝兼業〟によって「1・5稼ぎ」モデルの実現を通して起業者が増加する社会となる。そして、産業は「C．製造業」から「社会システム産業」にシフトし、「よりよく生きる」価値観を支える「人々に優しい文明」を生む。「D．地方政策」はこれまでの工場誘致から、地方の中小企業「B'」が育つ政策へと変更される。

　以下、「E．進学教育」は〝「よりよく生きる」ことができる教育〟に変更される。「F．世代間の社会保障」の仕組みは〝自己積立（iDeCo）〟が柱となる。経済成長で「G．無限に拡大した災害対策」は、〝どう避難するか〟に置き換

えられる。これまでの蛇が出れば〝おまわりさーん〟の「H．警察依存」から自己防衛の体制を整えたものになる。「I．国依存の安全保障」は、これからは、われわれに〝剥き出し〟の心構えを求めることになろう。

　このコロナは、この「よりよく生きる」価値観に基づいた社会の構造改革を急げ、と言っているように思えてならない。平成時代の弥縫策や饒舌な議論に終止符を打って、早く形をつくることが求められている所以である。

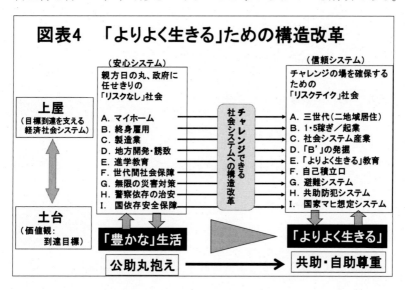

図表4　「よりよく生きる」ための構造改革

5. 新しい社会に向けて

1）避けて通れない教育の改革

　「豊かさ」から「よりよく生きる」への構造改革に向け、平成時代は遅々

としてはいるが、その胎動があった。

　だが、手つかずの分野がある。教育改革である。2000 年、この「よりよく生きる」価値観を生んだ社会の各種の混乱、政府の官僚になってもどうせ不祥事をする、企業のおエライさんになってもどうせ企業を倒産させる。子どもたちが、これに気づかないはずはない。だから、収拾がつかないまでに、学校は荒れたのである。進学教育に対して子どもたちから疑問符がついたにもかかわらず、「E．進学教育」→「よりよく生きる」教育への変更が全く行われなかった。

　これを糊塗するために、子どもたちに実社会感覚を養う授業を取り入れたことがあった。だが、小学生は嬉々としてやるが、中学生は面白がらない。あたり前である。進学が目の前にぶらさがっていれば、実社会感覚醸成の授業など、迷惑千番となる。

　また、20 年前から中・高校に「情報」科目が必須のものとして取り入れられた。しかし、教える先生がいないので、多くの学校では〝休講〟が相次いだ。必須科目なのだから当時の共通一次試験科目にすべきだ、という意見は軽く一蹴されて今日に至っている。これは、まことに惜しかった。このとき強引にでもこれが実現していれば、IT に関して 20 年遅れの日本にならなかっただろう。

　今回のコロナで、厚生労働省は無傷でいられないだろう。そして同時に、

文部科学省もやり玉にあがることを期待する。

「豊かさ」価値観にもとづいた進学教育から、「よりよく生きる」価値観にもとづいた教育とは、どのようなものなのか。

床屋談義で述べれば、子どもが将来「よりよく生きる」ことが出来るようにするため、まず必要となる能力は、チャレンジ精神である。チャレンジすることが大切なことを、多くの子どもたちに肌で理解してもらいたい。そのうえで、リスクに対する対応力を身につけてもらいたい。チャレンジは無謀であってはならない。チャレンジにつきまとうリスクを予知し、それに対処できる能力を身に付けてもらいたいと考える。そして、こうした「チャレンジ精神」と「リスク対応力」を支える基盤として、「基礎的な学力」があると考える。この3つを欠かす事はできない。

これが、わが国の底力を強くする。

2）「内政」の整備

ロシア国民のほとんどは「ダーチャ」という菜園付き小屋を郊外にもっている。ここで野菜をつくり大きな保冷庫で保存する。これは、第1次世界大戦時にはじまり第2次大戦の時にソ連全体に広まった。いざという時は、国民が自己防衛する手段として取り入れられ、冷戦時代の 1960 年代になってフルシチョフが法制化したものである。これは平時には別荘として機能し、いざとい

う時には自らの食糧備蓄基地になる。

　このような自己防衛手段は、わが国にほとんどないのではないか。わずかな例を述べれば、軍事的脅威に対し、2004年の国民保護法成立時に岐阜県は、〝国家機能が麻痺した場合〟を想定して県独自の指揮命令系統を用意した。また景気悪化という脅威に対し、リーマンショック時の行き過ぎた解雇を反省して、雇用の調整弁として「農業」を会社経営として取り入れ自己防衛する企業が少なからず生まれた[xii]。

　だが、自然災害という脅威に対しては、わが国の災害対策基本法は基本的人権を阻害しないよう避難の〝命令〟ができず〝指示〟に留まっているため、人々の自己防衛の心構えを奪い多くの犠牲を生んでいることは周知の通りである。

　今回のコロナからわれわれが学んだことは、〝ソフトパワー〟であろうがその敵から国を守ることに関し、対外政策もさることながら、いざという時の「内政」にかかわる自己防衛できる環境の整備が不可欠だということである。場合によっては「二地域居住」という住まい方がロシアのダーチャのような食料自給の手段になるのである。

3）平成時代の清算と新しい社会

　思えば平成の時代というのは、妙な時代であった。非正規雇用を増やし25年

間給料を抑えて生き延びを図る企業、田舎の人々の魂が萎えようが大合併で生き延びを図る地方自治体[xiii]、人を軽んじ組織だけが生き残る「民衰えて国栄える」を平気でやってのけたのである。

こうした事態に対し、生存や尊厳にかかわる〝国民の権利〟は機能せず、あろうことか〝人権尊重〟だけが独り歩きを始め、国の「公助」放棄とも思える〝公共の福祉〟の委縮をいいことに、わがもの顔で世に憚ることを許して混乱を招く時代をつくった。これによって、今回のコロナでも国の体をなさない社会を生んでいる。

これらは、わが国がありもしない「先進国」という妄想に取り憑かれた結果である。新型コロナは「これらを清算し、躍動する新しい社会をつくれ」と言い残した。

国民の価値観が「豊かさ」から「よりよく生きる」に変わったのだから、「公助」の領域を狭くして「共助」「自助」の体制を整える必要がある。しかし、これをいいことに政府は何を間違えたか、ほとんど「公助」を放棄してしまったのである。これでは、国が成り立つはずがない。

「国がだらしなかったとき、国民は疲弊する」のである。あたり前のことだが、「公助」がないと共助、自助は成り立たない。「公助」が確実に行われ、そしてその「公助」の限界が明らかにされることによって、初めて国民は共助、自助のパワーを発揮できるのである。だから、この「公助」がおざなりになり

放棄されれば、罪となり国は滅びる。国の新しいトップになった菅首相が突然

「自助、共助、公助の国づくり」と言い始めた。見ものである。

（本小論は、内外ニュース社「月刊『世界と日本』2020 年 5・6 月特別号」掲載の論文を、

大幅に加筆修正したものである）

（脚注）

i 「しゅう・きん・ぺい回避」；「3 密」という緊張感に欠けた言葉に対抗して語られている造語
ii 『地方創生 逆転の一打』（玉田樹、ぎょうせい、2017）
iii 『21 世紀の格差』（高橋琢磨、WAVE 出版、2015）
iv ii に同じ
v 「新型コロナと自己防衛のための"賃上げ"」（玉田樹、ふるさと総研、2020.4）
　　http://www.furusatosouken.com/200409corona.pdf
vi 「ふるさと回帰の変容～全国 10 万人アンケート」（ふるさと総研、2009.9）
　　http://www.furusatosouken.com/090909ju-man_anke-to.pdf
vii v に同じ
viii 「積み上がる内部留保；年間増加分に課税も一案」（小栗崇資、『日経新聞　経済教室』
　　2020.3.5）
ix 『プラチナ構想』（小宮山宏、プラチナ社会研究会）
　　プラチナ構想｜プラチナ社会研究会 (mri.co.jp)
x 『地方に社会システム産業をつくる～副業と IoT パワーを活用して』（玉田樹、工作舎、
　　2020.5）
xi 『兼業・兼居のすすめ～「よりよく生きる」社会をめざして』（玉田樹、東洋経済新報社
　　2006.3、電子版　22 世紀アート 2021.1）
　　Amazon.co.jp： 兼業・兼居のすすめ：「よりよく生きる」社会をめざして（22 世紀アート）
　　eBook: 玉田　樹: Kindle ストア
xii 「企業の農業回帰～雇用の安定をめざして」（玉田樹、国際経済労働研究所、月刊『Int'
　　lecowk』2011 年 11-12 月号）
　　http://www.furusatosouken.com/120106kigyonogyo.pdf
　　「企業の農業回帰～企業アンケート結果」（ふるさと総研他、2014.8）
　　http://www.furusatosouken.com/140820nogyo_kaiki.pdf
xiii 「市町村の『分離・分割』について考える」（玉田樹、ふるさと総研、2017.10）
　　http://www.furusatosouken.com/180630bunribunkatsu.pdf

求められる「新たなストック型社会」の構築

佐藤　公彦

はじめに

　「はしがき」に記されているように、今回のコロナ禍は今日の日本社会の弱点をいやというほど如実にあぶりだした。新自由主義のもとでこの30年間極限まで進行したグローバル化と効率性第一主義社会の弱点をあぶりだしたのである。医療、介護問題はいうにおよばず、貧富の格差拡大、覚悟と責任が伴わない政治システム、たがのはずれた財政規律、ワクチンの輸出規制にもみられた非軍事分野も含めた安全保障体制の脆弱性など、ポストコロナに取り組むべきわが国の重要課題を一挙に明らかにした。

　欧米に比して感染者数が桁違いに少ない日本で、何故医療崩壊が起こるのか、一年以上経っても政府の対応は同じことの繰り返しで、これまでに得られた知見を何故活かせないのか、国民の不満と不安は尽きない。

　日本は何故こんなにも脆弱な社会になってしまったのか、どうすれば若者が未来に希望を抱きうる社会に変えていけるのか、わが国をこうした脆弱な社会

へと変貌させてきた世代の一員として自戒の念も込めて、日本再生論議の重要

性を提起するのが本稿の趣旨である。

1 パンデミックは社会を一変させる

　今回の新型コロナは、約 100 年前のインフルエンザ（通称；スペイン風邪）
に比肩される。スペイン風邪は推定 2,500 万人を死に至らしめ、第一次世界大
戦を終わらせる契機になったと言われている。さらに、14 世紀のペストの流行
はその後のルネッサンスに結びつき、16 世紀のスペインによる天然痘の持ち
込みがインカ帝国やアステカ帝国の崩壊を招くなど、感染症が世界史の転換点
になった例は少なくない。

　では、今回のコロナ禍は私たちの社会にどのようなインパクトをもたらすの
であろうか。現在進行形なので必ずしもその全容が明らかになったわけではな
い。それでも断片的ではあるが、パンデミックの様相を呈して 1 年数ヶ月を経
過した今日、ヒントになると思われる事象がいくつも表れてきている。そのう
ち、わが国の将来にとりわけ大きな影響を及ぼすであろうと筆者が考えるのは、
以下の諸点である。

＜どのような影響か、現時点である程度内容がイメージできるインパクト＞
① 医療資源の囲い込みやサプライチェーンのストップなどに表れた、経済効率
　　最優先のグローバル化した現代社会のリスクとそれに対応したリグローバ
　　リゼーション（グローバル化の点検と一部見直し）の動き

② テレワーク・リモートラーニング等の拡大に伴う情報通信技術・システムの
　　発展と関連産業への影響

③ ②との関連で生じる通勤・通学移動の変化に伴う交通需要、オフィス需要、
　　住宅需要等の変化(東京一極集中トレンド及びそれに伴う国土構造変容が進
　　むのか)

④ コロナ禍対策費の急拡大に伴う日本政府債務の急速な増大とそれがもたら
　　すリスク(そう遠くない将来、社会的、経済的にどのような副作用をもたら
　　すのか)

**<極めて大きな影響があるが、どのような事態に進むのか、現時点では必ずし
も方向性が明確でないインパクト>**

⑤ 格差は富裕層も含めた (一国内であれ国際的な国同士の場合であれ) 社会全
　　体のリスクになっているとの認識が広まり、富裕層以外の感染も抑えるべく
　　格差縮小の方向に向かう契機となりうるのか。また、ノーベル平和賞受賞者
　　で経済学者のムハマド・ユヌス氏が指摘するように、コロナ禍はソーシャル
　　ビジネスの拡大・発展をはじめとした社会システム全般のリニューアルなど、
　　人類が再出発するための契機となりうるのか

⑥ 「人とのふれあいや接触が、幸せや安心感を得るためには必要不可欠である
　　人類が、真逆の行動 (ハグや握手の禁止などはもとより、大学キャンパスへ

の立ち入り禁止やテレワークに伴う孤立した職場環境の長期化など人との接触を制限される生活）を長く続けた場合、どのような影響がでてくるのか（行動制限半年後の昨年8月時点で学生の約1割に中～重度のうつ症状が見られたという秋田大学の調査や度重なるロックダウンに対する過激な抗議活動が頻発した欧米諸国、そしてコロナがらみの自殺者増が報じられ始めた日本など、人類にとって極めて大きなインパクトをもつ負の事象が増えてきつつある）。

2 新型コロナがあぶりだした「フロー型社会」の弱点

世界中の人々が感じていることだが、今回のコロナ禍は現代社会の矛盾や弱点を嫌になるほど見事にあぶりだしている。では、その弱点があぶりだされた現代社会とはどのような社会であろうか。一言でいえば「経済合理性」を重んじ、経済成長であらゆる問題を解決しようとして発展してきた社会である。すなわち、市場での自由な競争に任せておけば、価格・生産ともに適切に調節され、ひいては生活全体も向上するという考え方のもとで、政府による市場への介入や規制などの極小化を主張し、1980 代以降急速に世界を席巻してきた新自由主義思想に基づく社会である。

経済合理性基準を重視する限り、個人も企業も「より安く、より効率的に、

より無駄がないように」を行動原理とせざるをえない。この結果、現在は全世界的に異常なグローバル化（異常な合理化）が進み、その歪が今回の新型コロナで顕在化したといえるのではなかろうか。

　経済合理性基準に従えば、個人も企業も「より安く、より効率的に、より無駄がないように」を重視せざるをえない。これに合わない、例えば将来活用する機会があるかどうかも分からない（コストパフォーマンスの悪い）分野に資源（資金、人材、時間等）を投入する発想はでてこない。重要なのはすぐに結果の見える目先の成果・利益であり、目先の利便性、快適さである。こうした単一の価値基準をベースとした今日の社会（新自由主義を究極にまで追求してきた社会）を便宜的に「フロー型社会」と呼ぶことにする。これに対して、今日の異常なグローバル化が進行する以前（新自由主義経済が叫ばれる以前）の多様な価値基準の存在が許容され、それを活用する機会があるかどうかも分からない分野への資源投入が許容され、結果として社会全体として懐の深さを備えていた1980代以前の社会を「ストック型社会」と呼ぶ。

　平時であれば、「フロー型社会」ほど効率のよいシステムはない。しかし、一旦有事に遭遇すると経済合理性以外の要素をそぎ落とし、社会全体としての厚みや余力がなくなっているぶん臨機応変な対応力がなく、一挙に混乱することになる。今回はその一面が如実に現れたということではなかろうか。

3 典型的な「フロー型社会・日本」の危うさ

　冷戦終了後、米国主導の新自由主義のもと世界中の殆どの国がフロー型社会の様相を呈しているが、わが国は急速な少子高齢化、天然資源の少なさ、国土面積の小ささ等の要因とも相まって、その弊害がより現れやすい構造になっている。今回のコロナ禍当初、「シンガポールや韓国などわが国より経済規模がはるかに小さい国にできている大量のPCR検査が何故できないのか」「相対的に少ない陽性者への迅速な対応が何故できないのか」など素朴な疑問を国民の多くが感じたことであろう。その答えは、様々な要因がからんではいようが、基本的には、目先の経済効率だけを追い求め保健所など平時にはそれほど目立たない基礎的インフラ経費を削減するなど、ひたすらフロー型社会にむけて突き進んできた度合いが相対的に高かったわが国の政策にある。

　同じことは他の様々な分野でも起きている。科学の分野では、短期的な目先の成果重視主義による基礎研究の軽視とそれに伴う研究予算削減がわが国の基礎体力を奪っている。例えば、現在は日本から毎年輩出している物理・化学・医学等のノーベル賞受賞者もあと数年すれば激減すると言われている。なぜなら現在の受賞は数十年前の成果が評価されたものであり、基礎研

究が軽視され予算が削られている現在の研究環境から大きな成果を期待する
のは難しいからである。

　こうした、日本がフロー型社会化へ特化してきた時代を生きてきた世代の
一員として、また効率の良いフロー型社会の恩恵を享受してきた世代の一員
として、前述の諸課題のうち自戒の念を込めて筆者がとりわけ懸念している
わが国の将来に関する大きな課題が次の2点である。

　第一は、医療資源の囲い込みやサプライチェーンのストップなどに見られ
たように、経済効率最優先のグローバル化が進んでしまった現代社会のリス
クが明らかになったいま、今後の国際社会におけるわが国の安全をどう担保
していくのかという課題である。医療資源の囲い込みは、当初のマスクだけ
ではなく人工呼吸器やECMO（体外式膜型人工肺）等の高度医療機器におい
て見られたし、今年（2021年）に入ってからは、生産が始まった新型コロ
ナ・ワクチンに関しても見られる。一方、サプライチェーンのストップは自
動車産業が代表的だが、ある地域の部品ストップがそれ以外の大多数の正常
な経済活動を含め全体を台無しにしてしまうという致命的な弱点をあぶり出
した。

　今回は問題化するまでには至らなかったが、もし食料などの分野でもこう
した問題が起きたらどうなるのか。こうした点を意識してかどうかは不明だ

が、強権的政策のもとでコロナ危機を脱した中国は2020年、習近平国家主席の大号令のもと、食料浪費撲滅大キャンペーンを展開してきている。わが国も食料需給率が40%を割る中で安閑と利便性と快適さだけを重視した生活が長続きするとは考えられない。深刻化する地球環境危機のもとでは自然環境と密接に連動する食料問題は最重要課題と言っても過言ではなく、食料危機の現実化は絵空事ではない。いかなる国も食糧問題が地球規模で起こった場合、人道主義を掲げている余裕はなくなる。結果的に、例え非効率な無駄に終わったとしても、転ばぬ先の杖で、食料自給率の向上は時間がかかるだけに、すぐにでも取り組むべき喫緊の課題であろう。

　第二は、コロナ禍対策費の急拡大に伴う日本政府債務の増大がもたらすリスクである。2019年時点でわが国の政府債務は1100兆円に達していたが、20年度末にはコロナ対策費の膨張も加わって1200兆円を超える見込みという。そのうえ、毎年の赤字国債の発行で政府債務は年々数十兆円ずつ積み上がっている。とりわけ、今後数年間はコロナ禍に伴う税収減とも相俟って赤字幅は大きくなっていこう。加えて今回の際限ないコロナ対策費の激増である。必要な緊急経費とはいえどこまで増えるのか分からず、危機感を抱くのは筆者だけではあるまい。ＧＤＰの２倍を大幅に超える日本の政府債務は世界でも類を見ない危険水域だと指摘されながら、長年放置されてきたこの問題はコロナ後にどのような展開をみせていくのであろうか。

以前から「将来世代のお金を先食いする現状のままではいけない」という論者と「政府債務もそれを大幅に上回る個人金融資産も外国からみれば（日本という）同じ財布なので、家庭内借金のようなもので何ら問題はない。それよりは赤字国債であろうとも、どんどんお金を回すことで経済成長を促し、借金はその果実で払えばよい」という楽観論者がいる。「プライマリーバランス（基礎的財政収支）の黒字化」などはお題目として政府計画の枕詞に使われるだけで、現実の政策は実質的に後者の論理で進められてきている。コロナ禍が深刻化しつつある昨今、そうした議論さえすっ飛んでしまっている。人々が生きるか死ぬかの瀬戸際にある現在、やむを得ないのも事実である。しかし、コロナ後はどうなるのだろうか。国がお金を刷ってそれを回す（長期国債という借金を同じ政府組織である日銀が引き受ける）ことで将来が拓けるならばこれほど楽なことはない。少なくない国々で債務危機が起きている昨今、そんな夢物語のような話がいつまでも続くのであろうか。コロナ禍が長引き、政府債務残高（借金）が個人金融資産残高（貯金）に急速に近づいていった場合、どのような事態がおきるのであろうか。

4　自公政権のチグハグ政策・医療崩壊は「フロー型社会・日本」の象徴

　典型的な「フロー型社会・日本」の危うさを象徴的な形で示したのが、この1年間にわたる思いつきとチグハグさが目立つ政府のコロナ対応策だ。

　安倍政権では、全国民へのマスク2枚の配布（いわゆるアベノマスク）に始まり「全国民への10万円支給」という突然の政策転換、そして実情を無視した形の「GoToキャンペーン」の実施、続く菅政権では、コロナ第3波が押し寄せてきている中での「GoToイート」「GoToトラベル」の継続・拡大、そのあげくの突然の緊急事態宣言など、実状にそぐわない一連のチグハグ政策が連日報道されてきた。場当たり的な思いつき政策が多いので費用対効果が望めないばかりか、本来は救済すべき現場に、逆に混乱と負担を押し付けている惨状は誰しもが実感してきたところである。

　結果、早くから指摘されその準備に注力すべきとされてきた1年に及ぶ貴重な時間を無為に費やしたうえ医療崩壊に近い事態を招き、救急車での搬送先が見つからないため多数の救える命を危険にさらし、医療崩壊の状態を招いているのが昨年末から今春にかけて生じた「感染第3波」、そして危険性が一層増した変異株のもとでの「感染第4波」下での現実であろう。これは、政府の不作為による人災と言っても過言ではない状況である。

それにしても、「医療大国」と呼ばれていたわが国で、なぜ医療崩壊ともいうべき事態を招いてしまったのか。この点に関して、現在のわが国が置かれている極めて脆弱な医療システムの現状を、厚生労働省での勤務経験もある伊藤周平・鹿児島大教授は「わが国の現在の医療状況は、長年の医療政策のツケが回ってきた結果」と指摘されている。具体的にどういうことなのか。

　新型コロナ対応の中で大きな問題になっているのが、「感染症指定医療機関」や「感染症病床」の不足である。結核などの感染症患者が減ってきたことを理由に、政府はこの20年間、感染症指定医療機関や感染症病床を削減してきた。全国に約8300ある病院のうち、新型コロナに対応できる第2種感染症指定医療機関は351（1758床）しかなく、その殆どが公的病院であり、病床数も1996年の伝染病床9716床から激減している。感染症病床は、病室の空気が外に漏れないようにするなどの設備が必要であり、人も設備も通常の病床よりはるかに多くの資源を必要とすることが、政府の医療政策の方向と適合していなかったからである。

　90年代以降、政府は感染症対策に代わり、生活習慣病対策に力を入れるようになった。「病気は個人の生活習慣の結果、起こるものである」との論理で、健康の責任を個人に転嫁したわけである。しかし、WHO（世界保健機関）は、医療サービスの充実や公衆衛生は本来、国が責任を持って担うべきだとしている。日本政府の姿勢は、WHOの指針に反しているのである。

こうした、日本政府の姿勢の根底にあるのは、医療費の削減である。高齢化の進展によって医療費の拡大が財政を圧迫するという危機感から、毎年の医療費の伸びを抑制することが厚生労働省に課せられた。その結果を数字でみると明らかである。先進国で構成するOECD（経済協力開発機構）の調査では、人口 1000 人あたりの病床数は、日本が 13.0、ドイツ 8.0、フランス 5.9，米国 2.9 床など主要 7 カ国に比べても優位にある。しかし、医師数は人口 1000 人あたり 2.5 人で、データのある 35 カ国中 28 位である。ベッドがあっても人が足りない。医師や看護師を手厚く配置する必要がある感染症病床や急性期病床は、コストがかかるため抑制されてきた結果である。

　また、日本のコロナ病床が少ないのは「民間病院がコロナ患者を受け入れないからだ」と指摘されることもあるが、それは正しくない。日本の病院は約 8 割が民間であるが、国の政策誘導の結果、民間病院はコストのかかる感染症病床や急性期病床を減らし、少ない医師.看護師の配置で済む療養型の病床が多くを占めるようになってしまっている。急に感染症の患者を受け入れろと言われても、人材面でも設備面でも簡単には対応できないのが現状なのであり、国の政策の結果なのである。

　なんと明快で説得力のある説明であろうか。昨年来、筆者も含め日本国民の誰もが感じてきた「医療大国と思っていた日本がより経済力が弱い国々よりも

コロナ対応力で遅れをとっているのは何故か」「コロナに関する知見が少しずつ得られ、対応策の一端がみえてきても政府が対応しないのは何故か」という疑問に対して、腑に落ちる説明と言えるのではなかろうか。対応したくてもできないのである。これが、いま私たちが直面している医療面でのわが国の現状であり、目先の効率性第一の社会に邁進してきた結果の一面である。これは医療面の現象あるが、他の分野でも推して知るべしの状況ではなかろうか。現在の私たちの日常は、こうした薄っぺらで危なっかしい社会システムのうえに成り立っているのである。

　また、ワクチンの開発や確保に関しても、世界的にみてわが国は相当後れをとっているのが実情だが、これも上記のような国の医療政策の結果だという。感染症対策そのものは経済的利益を生まない。国立感染症研究所は予算も人員も削減され、民間の製薬業界も長期的視点よりも目先の利益を生み出す生活習慣病対応を優先したため、基礎体力が弱体化してきている。そのため、日本ではワクチンの開発が遅れたという訳である。

5　希薄な危機意識は、現代日本人の価値観の反映

　マスコミもコロナ禍の惨状を、これでもかこれでもかというほど連日朝から晩まで報道しているが、前記の伊藤教授のような本質をついた認識をベースと

したうえで、「ではどうすれば良いのか」という国民が本当に知りたい情報はなかなか出てこない。

　現状を批判するだけでは、一時的なうっぷん晴らしにはなっても何も改善されない。考えてもみてほしい。「任命権者としての責任は痛感しております。今後はこのようなことはないよう反省し職務を全うしてまいります」という言葉の羅列だけで、一度たりとも反省をその後に生かしたことがない安倍前政権を選び永らえさせ、さらに「その批判はあたらない」「仮定の質問には答えを差し控える」の答えにならない常套句で議論を避ける菅政権を生んだのは私たち国民の選択なのである。小選挙区比例代表制という制度上の問題はあるにせよ、曲がりなりにも民主的な選挙制度を有するわが国において、政権は国民多数の意思の反映なのである。暴論に聞こえるかもしれないが、こうした無責任政権を存続させ、今日の危なっかしい日本にしてきたのは、ソフト・ハードの社会資本への投資という腰のすわった政策よりも目先の利便性・快適さを求める政策を重視する、今の私たち日本国民の価値観なのである。

　さすがに、安倍政権に続く菅政権の思いつきチグハグ政策の結果、人々が生きるか死ぬかの瀬戸際まで追い詰められている昨今、国民の不満も頂点に達しつつあり、本年内に確実に行われる次回総選挙への危惧から与党内にも危機感が増しつつあると伝えられる。しかし、与党が反省し野党の力が増したとしても、（万が一仮に政権交代が実現したとしても）それだけで急に腰のすわった

政策が打ちだせるとは考えられない。リーダーは国民の中から選ばれるのであるから、国民の価値観が変わらなければ、与野党にかかわらず優れたリーダーが生まれようがないのである。

　後述するように、大型危機の増加が懸念されるこれからの日本において、健全な社会を維持していく信念とビジョンを持つ政権を期待するためには、私たち国民の価値観が大きく変わる必要がある。利便性や快適さ優先のフロー型社会から多少の我慢を強いられても長期的な社会の安定性を重視するストック型社会を重視する価値観への転換である。これが出来なければ、肝のすわった政府の選出も政策も期待できない。

6　成功例に学ぶ大型危機への対応策

　人類学者の山際寿一・前京都大学長が「近年のウィルス禍は、自然破壊によって野生動物との接触を加速したことが原因である。コロナ後に各国が猛烈な経済復興対策をとった場合、これまで以上に地球の崩壊を招き、深海や氷河の下に眠っている未知の微生物やウィルスを引きずり出してしまうかもしれない」と語っているように、私たちは今回のコロナ禍が収束しても安心はできない。感染症以外にも、気候変動に伴う毎年の大規模災害、予測されている大地震、そして制御技術が確立されていない原発事故など、私たちのまわりにはリスク

が満ちている。私たちが現在のような価値観に基づく生活スタンスを続ける限り、そのリスクは増えこそすれ減ることはなさそうである。

このように、極めて危ない状況に立たされているわが国だが、とるべき対応策はないのだろうか。「禍を転じて福と為す」の格言通り、今回のコロナ禍を教訓として社会変革の契機とする方策はないのだろうか。本稿では危機対応策のヒントを得るため、今回の新型コロナウイルスへの対処での成功例を参考とする。

初期の対策にあって、機敏な危機対応を断行し成功した例として挙げられるのが、アジアでは香港、台湾、ベトナム、中米ではキューバ等であり、国内においては7月の「GoToキャンペーン」までは感染者ゼロを誇った岩手県である。さらに、世界中が未だ対策の真只中にある今日、果敢な決断と徹底した対応とで感染封じ込めに成功している国としては、台湾、ニュージーランド、中国、ベトナム等があげられるし、ワクチン確保の勝利者としてはイスラエルがあげられる。

香港、台湾、ベトナムには2つの共通点がある。自国に巨大な影響力をもつ中国の動きを常に注視していたこと、2002年に広東で発生したSARS（重症急性呼吸器症候群）に苦しんだことである。その時の教訓を忘れず、感染症に対処する体制を築いて初動の勝者となった。また、キューバは革命以降、アメリ

カの度重なる経済制裁のなかでプライマリ・ケアを重視した医療制度を採用するなど、決して豊かとはいえない経済環境のなかで医療資源の充実を図ってきたことで知られる。こうした蓄積が今回のパンデミックのもとでも大きく貢献し、世界で初期のコロナ対応に成功した国と言われている。

　一方、国内の成功例・岩手県では、関連機関の代表で構成される「岩手県新型コロナウイルス感染症対策専門委員会」の存在が大きな役割を果たしたと言われる。東日本大震災の時にICAT（アイキャット：感染制御支援チーム）が設置され、避難所でのインフルエンザやコレラ・赤痢等の防止対策にあたったが、それがレガシーとして残り上記委員会の母体になった。勿論、ICATの継続的活動が感染症対策への県民意識の底上げに寄与してきたことも見逃せない。

　次に、中長期的な対策で成功しているといわれる台湾、ニュージーランドだが、その成功要因として挙げられるのが、次の2点である。

① 科学的根拠に基づく（政治的な思惑を廃した）徹底した水際対策とＰＣＲ検査の実施

② リーダーの明確な関連情報の発信と国民のリーダーに対する信頼（政府と国民のコミュニケーション重視）

　なお、コロナ封じ込めの成功例としてあげられることが多い中国の場合、上記2要件のうち①は共通しているが、②については真逆の状況と言えよう。同

国の場合、政府と国民のコミュニケーション重視というよりも強権による（人権無視の）徹底的な押さえ込みといわれる。このように、手法こそ真逆ではあるが、リーダーによる強い意志と目標の提示は、危機克服に不可欠の要素であることが見てとれる。

ワクチン確保で際だって群を抜いたイスラエルは、コロナ禍を準戦争と捉え、当初から同国の軍事組織も関与してワクチン確保に動いたという報道もある。人類共通の公共財ともいえるワクチン確保に軍事組織まで動員することに対する是非の議論はあろうが、危機に対するリーダーの意識レベル（ということは、とりもなおさず私たち国民の意識レベル）がわが国とは全く異なっているのである。

7　ストック型社会の有用性と必要な相応のコスト負担

このように、危機に臨んではそれ相応の資源を投入するなどの準備をしてきたことが有用性を発揮し、リーダーの資質がそれを増幅させる。すなわち、ストック型社会の強みが発揮されるのだ。残念ながら、今日のわが国はこうした素地が十分備わった社会ではなくなっていたのである。

第1波の時、「日本や北欧のように、不平等がほとんどなく、規律が行き届いている社会的結束がパンデミックへの対応の成否を分ける大きな要素の一

つであり、優れたコロナ対応ができている理由だ」と疾病対策の専門家・メルボルン大学のアラン・ロペス名誉教授に言わしめた日本の優れた国民性をリーダーの無策と新自由主義のもとそぎ落としていた社会的な厚みの脆弱さが今日の事態を招いたといえるのではなかろうか。

　ストック型社会が危機対応に有用なのは災害時における自衛隊の災害派遣事例など、われわれの身近にも具体例がある。憲法との関連での自衛隊論は別として、今日の災害時における緊急救助や復興が自衛隊抜きでは語れないことは誰の目にも明らかであろう。今回のコロナ禍でも、昨年春の横浜クルーズ船や年末の北海道への医療従事者派遣でも大活躍した。こうした災害時、緊急時での対応力という意味でみれば自衛隊は明らかにストック型社会の構成要素の役割を担っている。

　これをもっと災害全体に拡大し、発災後の対応だけでなく、発災前から発災後まで一気通貫の対応で、各種の災害を全体として最小限の被害に留めることを狙いとする、（自民党の石破茂元幹事長が提唱した）「防災省」の設置などをもっと真剣に検討すべきではなかろうか。さらに敷衍すれば、自然災害対応といった狭い意味での「防災省」ではなく、環境危機、食料危機対応等への意味も含めた「危機対応省」とでも呼ぶべき恒常組織の設置・充実が望まれる。

　勿論、新自由主義が徹底される以前の、我々が経験してきたストック型社会が 21 世紀においても最適だというつもりはない。日本が置かれた状況（急速

な少子高齢化と人口減少）も日本をとりまく国際環境（経済のグローバル化と環境危機の深刻化）も半世紀前とは大きく様変わりしている。今日的状況を勘案した場合、どのようなストック型社会が望ましいのか、真剣に議論しその具体化にむけた対応を早急に進めていく必要があろう。

　ここまで、コロナ禍をとおして見えてきた、わが国が直面するリスクとその背景等についてみてきた。そこから得られた教訓は、「歴史に学びそれ相応の準備（コストと人材など資源の投入）があれば、それ相応の対応が可能」という至極あたりまえの事実である。すなわち、ストック型社会の有用性である。

　しかし、ストック型社会の有用性が分かっても、その実現には社会的コストの負担が必要で、口で言うほど簡単なことではない。ストック型社会は、一見無駄ともみえる社会的資源の投入を要し、有限の資源の中から現状の快適さを削って（一部を我慢して）それに回すことを求める。つまり、現状の生活レベルを我慢して有事に備えることを意味する。「経済合理性の観点からみれば無駄ともみえる社会的コストの負担が持続性をもった社会を維持していくうえで必要不可欠である」という社会全体の覚悟が経験知として共有されることが必要である。これは一時の思いつきで実行できることではなく、「そうすることが当然だ」という暗黙の社会的合意があって初めて可能となる。

8 新たなストック型社会の構築を目指して

　今回のコロナ禍は、今後ワクチンの効果があらわれたとしても、私たちの社会に極めて大きな負担と教訓を残すものと思われる。私たちは、これらの負担と教訓をきちんと検証し、わが国のリスクの回避に向けた取り組みを、真剣に考えるべきではなかろうか。

　日本国民は、長年のフロー型社会化への過程で経済合理性基準にどっぷりつかってきたとはいえ、コロナ禍で「検察法改正案反対」の声を上げ撤回を実現させた例や政府の無策下においても何とか持ちこたえている現状が示すように、自らの存立を脅かされかけない事態に直面すれば頑張れる健康さと協調性を保持している。その潜在能力を引き出し、新たなストック型社会の構築を模索すべきではなかろうか。

　その土台となる、新たなストック型社会に向けた社会全体の覚悟が共有されるためには、その必要性が経験知として継承される必要がある。その実現は口でいうほど簡単ではないだろうし時間もかかるかもしれない。そうであっても、コロナ禍に苦しんだ今こそそれを具体化する好機ではではなかろうか。

　具体策のひとつとして、筆者はとりあえず歴史教育（学習）の充実・強化を提案したい。人間は自ら経験しないと（学習も経験の一種）、どんなにシビアな

ことでも自分のこととして考えられない忘れやすい動物なので、歴史学習（教育）を通して先人の経験を自分のこととして感じ、継承していくことが非常に重要と思われる。しかし、現状の歴史教育はこの点の認識が不十分なのではなかろうか。従来の方法では、最も大切な近現代史がなおざりにされてしまうことが少なくない。

　現時点では、とりあえず下記2点を提案しておきたい。

① 学習指導要領の改訂に伴い2022年度から高校の授業に新設される日本史と世界史を合わせた「歴史総合」で感染症を含めた我々を取りまくさまざまな大型危機について、重点的に取り上げるようにする。

② 中学校以下の歴史教育を現近代史から始めることで、期末の時間切れで省略あるいはなおざりにされてきた現近代史における大きな課題を学ぶ機会を喪失することがないようにする。現近代史から始める効用は、学ぶ側が自分たちの生活と結びついているだけにより真剣に取り組めるだけでなく、教える側にとってもそれだけ深く考えつつ取り組まざるを得なくなる、という相乗効果も期待できる。

　こうした、現近代史から歴史をみる方法（倒叙法）は、30数年前に國學院大學名誉教授の故樋口清之博士が提唱している（逆・日本史）が、筆者は氏の提唱する倒叙法の効用に加えて、上記の学ぶ側と教える側の相乗効果も期待したい。そして、なによりも最重要な現近代史を学ばなくては聖徳太子や大化の改

新をいくら学んでも、今日的問題に関する社会全体としての経験知の共有や社会全体としての覚悟には結びつかないからである。

おわりに

　前出のムハマド・ユヌス氏は、今回のコロナ禍を前向きに捉え、次のように述べている。「新型コロナの大流行が世界に与える打撃の大きさを考えると、たまらない気持ちになる。しかし、この危機は比類ないチャンスも与えてくれている。まさにいま、全世界に重要な問題が提起されている。どうやって経済を回復させるかではない。この世界を、新型コロナに襲われる以前に戻すのか、それとも、新しく設計し直すのか、という問いだ。新型コロナが登場する以前の世界は、決してよいものではなかった。富の集中は爆発的レベルに達し、気候変動が引き起こす大災害は人類の生存自体を脅かすレベルに達しつつあった。コロナ危機は、人類が再出発するために必要な、無限に近いチャンスを与えてくれている。ゼロから設計できるのだ。」

　私たちの多くは、氏の指摘の正鵠さを肌で感じはじめている。ならば、いまこそ現実に真摯に向き合う時ではなかろうか。そのひとつの試みが、「歴史に学び明日に備えよう」という提案である。歴史に学ぶといえば、2021年1月、現代史を学ぶのに格好の教材「昭和史」を著された作家・半藤一利氏が逝去さ

れた。惜しまれてならない。できうれば、新自由主義のもとで社会の仕組みも人々の精神もかなり疲弊させられ、今日に至った平成の 30 年を総括する本格的な「平成史」が著わされ、「昭和史」と並んで現代史の教材となる日が来るのを願ってやまない。

　尤も、筆者のような老兵が要らぬ心配をしなくとも、日本でも危機を肌で感じ取っている若者の間では、日本各地で「フライデーズ・フォー・フューチャー○○（地名)」のような草の根運動が活発に進められつつあるという。未来にむけた若者たちのこうした活動におおいに期待したい。

☆本稿は、連合・教育文化協会共催　第17回「私の提言」への応募原稿（2020年7月）を

　ベースに加筆・訂正したものである）

コロナが浮き彫りにした「地方分権」の脆弱さと課題

浅田　和幸

　地震や台風など大災害が起きると、国や自治体の力量が試される。東日本大震災のような巨大災害の場合はなおさらだが、2020 年に日本を襲った新型コロナウイルスは特定地域ではなく、全国・全世界に波及した未曾有の災害とあって、国、自治体ともに大きな混乱を来した。日頃はうまく回っていると思われた行政システムや意思伝達が非常時に十分に機能しなかったわけだ。そこでは国と地方の役割分担、責任と権限の曖昧さが露呈する一方、近年、話題に上ることが少なくなった「地方分権」がまだ途上にあることも浮き彫りにした。コロナ禍がまだ収まらない中、国内での発生から 1 年余を通して見えた地方を巡る問題を点検してみよう。

1　感染防止と検査

　中国・武漢で「原因不明の肺炎」が発生したと厚生労働省が注意喚起の報を出したのが 2020 年 1 月 6 日。中国では同 23 日に武漢市を事実上、都市封鎖

（表1）主な出来事

2020年	
1月6日	中国 武漢で原因不明の肺炎 厚労省が注意喚起
1月14日	WHO 新型コロナウイルスを確認
1月15日	日本国内で初めて感染確認 武漢に渡航した中国籍の男性
1月30日	WHO「国際的な緊急事態」を宣言
2月3日	乗客が感染したクルーズ船 横浜港に入港
2月27日	安倍首相 全国すべての小中高校に臨時休校要請の考え公表
3月24日	東京五輪・パラリンピック 1年程度延期に
3月29日	新型コロナ感染で志村けんさん死去
4月7日	7都府県に緊急事態宣言
4月16日	「緊急事態宣言」全国に拡大 13都道府県は「特定警戒都道府県」に
5月4日	政府「緊急事態宣言」5月31日まで延長
5月14日	政府 緊急事態宣言 39県で解除 8都道府県は継続
5月21日	緊急事態宣言 関西は解除 首都圏と北海道は継続
5月25日	緊急事態宣言全国で解除
6月19日	都道府県またぐ移動の自粛要請 全国で緩和
6月28日	世界の感染者 1000万人超える
6月29日	世界の死者50万人超える
7月22日	「Go Toトラベル」キャンペーン始まる
7月28日	国内の死者 1,000人超える（クルーズ船除く）
7月29日	国内の1日の感染者 1,000人超 全国で唯一感染者がなかった岩手県で初確認
8月11日	世界の感染者2000万人を超える
11月7日	北海道 警戒ステージ「3」に ススキノで営業時間短縮など要請
11月19日	国内感染者数 2388人、東京都 534人でともに2日連続で過去最多を更新。
12月3日	大阪府が「医療非常事態宣言」重症患者の急増で 不要不急の外出自粛も要請
12月8日	イギリスで新型コロナのワクチン接種が始まる
12月12日	病床ひっ迫 5都道府県が「ステージ4」に "医療の提供体制が機能不全のおそれ"
12月14日	アメリカ ファイザーの新型コロナワクチンの接種が始まる
12月15日	GoToトラベル全国一時停止へ
12月20日	変異ウイルス拡大 英からの旅客機受け入れ停止
12月26日	全世界からの外国人の新規入国 28日から1月末まで停止
12月31日	新型コロナ 東京都で1337人 全国で4520人の感染確認 ともに過去最多
2021年	
1月8日	1都3県に緊急事態宣言
1月13日	緊急事態宣言 合わせて11都府県に　外国人の入国を全面停止
1月23日	新型コロナの死者 全国で5000人超える

したが、春節（1月24日からの7連休を含むほぼ1カ月間）を前に500万人が同市を脱出し、中国の他都市や諸外国への感染が懸念された。28日に武漢市からのツアー客を乗せたバス運転手が日本人初の感染となり、2月入って最終的に712人（うち死者13人）の集団感染となったクルーズ船「ダイヤモンド・プリンセス」号の横浜港入港、東京の屋形船で開かれた新年会での感染が話題となり、以降、国内での感染が本格化し、政府、自治体、民間ともに様々な課題に直面した（表1）。

1）海外からの水際防止で後れ

　まず感染防止への対応。感染症に国境はないというものの、他国で発生した世界レベルの感染症への対策の手始めは国境で防ぐ水際作戦。これは国の施策であって、自治体が預かる範囲ではない。1月末には米国、ニュージーランド、フィリピンなどが中国からの入国を禁止し、近隣のロシア、ベトナム、シンガポールなども中国人向けビザの発給停止や制限措置をとったが、日本は湖北省滞在者のみの入国制限にとどまり、中国全土からの入国を制限したのは習近平主席の来日延期を発表した3月5日のこと。国はまず海外からの感染者を防ぐ水際対策で後れをとった。

　自治体レベルで最初にこの問題に直面したのは北海道である。ちょうど北海道では「さっぽろ雪まつり」（1月31日〜2月11日）があり、例年、中国から

の観光客が多数訪れることから感染拡大が懸念された。1月の中国からの訪日客は92万人に上り、このうちかなりの数が北海道を訪れたとみられるが、案の定、2月下旬から道内で多数の感染が広がった。北海道にとっては中国人客の来訪は大きな不安だったが、国が入国を制限しない限り自治体では対策の手立てもなかっただろう。

　他県に先んじて感染が広がった北海道ではまず2月27日から3月4日まで全道で小中学校の臨時休校を要請。翌28日には北海道独自の「緊急事態宣言」を発した。3月下旬から5月半ばにかけた全国感染第1波の1カ月前のことで、感染者が2日連続で10人を超えた時点での決断だった。これは法律に基づくものではなく、週末の外出や人が大勢集まる場所への出入りの自粛を呼び掛けただけのことだが、全国では初めての対策である。感染者の絶対数が少なかったこともあって効果は大きく、感染は短期間で収束、独自の「緊急事態宣言」は3月19日で終了した。後に政府が「緊急事態宣言」を出す際の試金石ともなった。

2）文科省の通知だけで全国が一斉休校

　一方、政府も安倍首相が2月27日、全国すべての小中高校に3月2日から春休みまでの臨時休校を要請する考えを表明。翌28日、文部科学省が具体的な措置について通知を出した。この結果、修了すべき学習内容が途中で切られ、卒業式・入学式も通常通り行えなくなったほか、共働きや一人親の家庭から「子

供を一人にできない」などの不安・不満が噴出した。

　この休校措置は学校保健安全法第20条（「学校の設置者は、感染症の予防上
必要があるときは、臨時に、学校の全部又は一部の休業を行うことができる」）
に基づく臨時休業で、休校を決めるのは「設置者」つまり、公立校は都道府県
や市町村の教育委員会、私立学校の場合は学校法人である。文科省にはその権
限がなく、この時も全国の教育委員会や知事、学校法人宛てに休業をお願いす
る「通知」を出している。

　従って、休業要請に従うかどうか、休校するにしてもどの範囲で、どれだけ
の期間にするかなどは、各地の設置者の判断にゆだねられている。実際、通知
では臨時休業の期間や形態について、「地域や学校の実情を踏まえ、各学校の
設置者において判断いただくことを妨げるものではありません」と記載してい
る。

　この時点では、子供に感染する可能性は低いとされ、感染者の出ていない県
も多数あったのに、北海道から沖縄まで一斉に休校することが妥当だったのか
どうか。その判断をゆだねられた各地の教育委員会は結局、政府に従うことを
選んだ。地方分権一括法で対等になったにもかかわらず、かつての通達行政に
慣らされた自治体は「技術的助言」に過ぎない「通知」にもそのまま従ったの
である。

　文科省からの通知の翌日、全国知事会、全国市長会、全国町村長会の３団体

は連名の声明で「地域に応じた弾力的な対応が是非とも必要」としながら、臨時休業によって生じる・・・・様々な負担について政府が責任を持って対応することを求める」と、金銭的負担を求めるにとどまった。

　もちろん、政府の要請に従うのが悪いわけではない。ただ、それぞれの立場で充分吟味する作業を行ったのか。本来、教育委員会を開いて地域の実情に合わせて休校が必要かどうか判断すべきなのに、殆どの自治体が教育長の専決処分で決めている。日頃、地方分権が大切だと言いながら、こうした大事になると、責任をとりたくないから無難な道を選択する、お国の言うことに従う、というのでは「分権」の実現は心許ない。

3）　脆弱で硬直的な検査体制

　感染防止の手順は①発見②隔離③治療——が柱。その最初の発見に必要な過程で、まずネックとなったのが脆弱で硬直的な検査体制だった。国内での感染が徐々に広がり始めた 2020 年 2 月頃から PCR 検査の数の少なさが指摘され、政府も検査体制を拡充すると言いながら拡充は遅々として進まなかった。

　オックスフォード大学の研究者らのグループ「アワー・ワールド・イン・データ」によれば 2020 年 3 月中旬、各国のＰＣＲ検査の累積数は中国が約 32 万件、韓国が約 25 万件、イタリアが約 8 万件などでいずれも 1 日 1 万件以上の検査をこなしていたのに対し、日本は 2 月は 1 日当たり 1000 件に満たず、3

月半ばの時点でも 1300 件ほど。政府は当時 1 日 7500 件の検査が可能として
いたが、実際には 2 割程度しか行われていなかった。

　和歌山県では 2 月 13 日、済生会有田病院で全国初の院内感染となるクラス
ターが発生、医師や患者ら 11 人の集団感染に発展したが、その後の対策が注
目を集めた。県が徹底したのは感染者の発見と隔離の徹底である。まず県の権
限が及ばない民間の同病院に対し入院患者の退院と外来患者の受け入れの中
止を指示したうえ、検査対象を中国・湖北省への渡航歴がある人や濃厚接触者
に絞るという国のガイドラインを越えて検査を拡大した。濃厚接触者の範囲も
国は発症 2 日前に限定していたが、県は対象を発症 3 日前に拡大。医師・看護
士や患者、出入り業者など感染の可能性がある人をすべてリストアップして検
査、中国人観光客が立ち寄りそうな施設への調査も徹底した。

　また、感染を外に広げないため、病院名も公表した。こうした素早い封じ込
め作戦によって 3 週間後には病院の業務再開を実現した。この点について、仁
坂吉伸知事はコロナ対策を統括した福祉保健部トップ・野尻孝子技監の功績が
大きかったと語っている。野尻技監は医師の資格を持ち、保健所長も経験した
保健衛生のベテランで、科学的な知識と分析に基づいた指示と知事の果断な判
断・行動力が一体となったことが成功に導いたのだろう。単に国のマニュアル
通りに動くのではないその手法は大いに称賛を浴びた。

　これが政府の検査抑制に対する反証として相次いでマスコミに取り上げら

れたためか、仁坂知事は県のホームページに掲載した「知事からのメッセージ」で「加藤厚労大臣は各県の判断で柔軟にと言っておられ・・・協力をお願いした時も PCR 検体を多めに回してくれた」として、「厚労省を非難するのはお門違い」と擁護。多くの自治体や保健所が検査を抑制したのは、「県の担当者や保健所が一番初めに来た厚労省の指導にいつまでも縛られていたからだ」と指摘している。その一方で、仁坂知事は、発熱などの症状があっても4日間くらいは受診せずに自宅でいるよう推奨する国の姿勢に対しては「そのまま従いません」とも語っている。

この指摘は大いに耳を傾けるべきことだろう。自治体は厚労省の言いなりになる必要はなく、地域の実情に合わせて対処するのは知事の権限であり、責任でもある。実態に合わないなら、国に是正を求めるのも自治体の責任である。

4） 日本だけがPCR検査を抑制

この頃、検査が少ない原因についてテレビや新聞等で医療専門家や評論家による百家争鳴が繰り広げられた。曰く、「やみくもに検査しても意味がない」「検査機器が揃わない」「機器があっても検査技師が足りない」「保健所の手が回らない」等々。「検査数を増やせば病床がパンクし医療崩壊が起きる」との発言もあったが、「刑務所が満杯になると困るので、強盗は放置しよう」と言っているようなもの。政府応援団の専門家たちは検査を増やせない理由をあげつ

らっても、諸外国との格差を説明できなかった。

　こんな屁理屈で検査を抑制したのは日本だけで、3月半ばにはWHOのテドロス事務局長が「感染の拡大を防止するためには感染者の特定が必要」として検査の徹底を呼び掛けていたのに、日本だけが異なる対策を続けた。

　その後も事態は改善せず、世界各国の統計資料を分析している米国のウェブサイト「ワールドメーター」のデータでも7月29日時点で人口当たりのPCR検査数で日本が世界で158位と飛び抜けて低いことがわかり、国会でもこの問題が追及された。

　なぜ、そうなったのかと言えば、国がPCR検査を抑制したからだ。政府の新型コロナウイルス感染症対策本部及び厚労省は集団感染つまりクラスターつぶしに主眼を置き、散発する感染を手抜きした。少ない医療資源を集中させるうえで当初はそれも意味があったかもしれないが、市中感染が広がっても同じやり方を続けた。

　感染の疑いが生じた場合の相談は各都道府県の保健所に設置した「帰国者・接触者相談センター」だけにし、感染が蔓延しても対象者を「帰国者・接触者」「37.5度以上の発熱4日以上」などに限定したため、その基準に合わない感染者を発見できなくし、感染を広げてしまった。これは大きな失策である。国がようやく「帰国者・接触者相談センター」を廃止したのは10月末のことで、11月からやっと「かかりつけ医」で診察・検査が受けられる体制をメインにし

た。

　では、なぜ国は検査を抑制したのか。この点について NPO 法人医療ガバナ
ンス研究所理事長の上昌広医師は、厚労省の医系技官が仕切る結核感染症課—
国立感染症研究所—地方衛生研究所・保健所のラインで構成される「感染症ム
ラ」が元凶だと指摘する。感染症法では、PCR を含む「行政検査」はこのライ
ンが独占しており、一般病院や開業医に門戸を開かなかったからだ。また、無
症状の感染者が感染を広げるということも想定していなかったため、早期に発
見できないまま感染を広げたという。検査を一般診療所（開業医）や民間検査
機関に広げれば自分たちの縄張りが侵されるというわけだ。

　ただ、法律上、保健所は都道府県や政令市、中核市などが設置するもので、
その首長に権限がある。検査の手法や範囲等について厚労省の指示（助言）通
りに動く必要はなく、自治体の主体性が発揮されてもいいわけだが、現実には
お伺い行政になっている。

5）民間検査やドライブスルーの導入も

　世界各国と比較した検査の少なさを批判されて国は渋々、3 月から保険適用
を認め、開業医の検査が可能になったが、上医師によれば、PCR 検査は「感染
研からの業務委託」の形式になっており、開業医は個別に都道府県と契約しな
ければ検査ができず、その契約に 1 カ月も待たされるなど、民間検査の抑制が

続いた。

　検査数を増やせない理由の１つとして１検体当たりの検査に時間がかかることも挙げられた。しかし千葉県松戸市のベンチャー企業「プレシジョン・システム・サイエンス」が製造する全自動PCR検査装置はそれまで専門の技師が１検体に６時間ほどかかった検査が誰でも２時間半で24検体を検査でき、時間と人手が圧倒的に少なくてすむ。このため海外諸国で活用され、４月には駐日フランス大使から礼状が贈られたほどだが、日本で販売にこぎつけたのは８月のこと。「他国とは事情が異なる」（厚労省）と塩漬けにされ、何カ月もかけて膨大な資料を提出したうえでようやく認可されたのだ。

　佐賀県鳥栖市の医薬品メーカー「ミズホメディー」も８月から１時間程度で結果が出る新たなＰＣＲ検査キットを発売。12月には東京・新橋駅前で１回2900円で簡単にできる検査センターがオープンするなど、民間検査が広がり、ようやく検査不足が沈静化した。

　ＰＣＲ検査不足に対して自治体は政府に充実を要望する程度で具体的な対応策はみられなかったが、いくつか散見されたのがドライブスルー方式の導入だ。この方式は韓国などで先行しており、患者の検体を車の窓越しに採取するため防護服を交換しなくて済み時間を短縮できるため、院内での検査に比べ２、３倍の数をこなせる。屋外で感染リスクが低く、短時間で効率的に検査できるほか、検査を行う保健所や医療機関の負担を減らせるメリットがある。新潟市

が3月1日から導入したのをはじめ名古屋市が3月中旬から、鳥取県や東京・江戸川区も4月上旬から下旬にかけて相次いで始めた。

　野外で大量の採取をすれば検体が汚染される懸念があるなどの理由で否定的だった厚労省も後追いする形で4月15日、ドライブスルー方式の検査を認める通知を各自治体に出した。小さな試みではあるが、検査不足に対する不満が高まるなかで自治体の行動が国を動かした例ともいえる。

2　医療体制

1）　病床数世界一なのに「医療崩壊」?

　2020年春、国内の感染が広まり、PCR検査の不足が指摘された際に「医療崩壊」の言葉が使われた。検査数を増やせば、「保健所が対応できない」「コロナ用にベッドを使えば、他の病気の治療ができなくなる」など、いずれも検査不足の言い訳でしかなく、その後、検査数が増えるにつれてこの脅し文句も影をひそめていた。再び「医療崩壊」が叫ばれだしたのは感染者が急増し始めた2020年11月頃からで、年が明けて激増し、2回目の緊急事態宣言が出された翌日の1月8日には過去最高の7949人の新規感染者を記録した。

　1月13日時点では全国の入院者数が約1万4800人に対しホテル等での宿泊療養者数が約7700人、自宅療養者数が約3万人にも達している。さらに共

同通信社の調査では1月19日時点で入院や宿泊治療の振り分けを「調整中」、つまり入院できずに自宅待機している感染者が約1万5000人もいることがわかった。大都市部では病床使用率が80〜90%台となり危機的状態と言われたが、実際は入院者の3倍以上の人が自宅やホテル等の施設での療養を余儀なくされており、とっくに病床はパンクし、文字通りの医療崩壊が起きていたのだ。

人口当たりの病床数は世界一と言われる日本がなぜ入院の余地もないのか。感染者数ではアメリカの70分の1、イギリスの10分の1、人口当たり感染者はアメリカの30分の1、イギリスの20分の1の日本が医療崩壊に至るのはなぜなのか。

いわく、日本は開業医が多く感染症に振り向ける病床が少ない、日本は軽症者も入院させている病床はあっても医師・看護士が足りない――等々様々な理由が語られる。構造的な問題として、欧米に比べICUやECMOなど重症者用設備・病床が少ない、感染症対応の病院・専門医が少ないとも言われる。仮にそうした問題があったとしても、対策はお粗末だった。

2020年夏頃、インフルエンザが流行する冬になればコロナとインフルエンザの両方で「ツインデミック」が起きる恐れがあるから冬が来る前にコロナを抑え込まなければと言われた。幸いなことにインフルエンザが激減したにもかかわらず医療崩壊が起きたのは、政府の手ぬかりとしか言いようがない。

病床の確保が重要と言いながら、日本経済新聞（1月6日付）によれば2020

年5月に全国で確保した病床は約3万床（見込み）だったのが年末には2万8000弱にまで減少、重症者向けも約4200から約3700にまで減っている。増やすどころか、逆に減少しているのだ。

　感染者を引き受けた病院は経営を圧迫されるため、できることなら避けたいだろう。医師・看護士の確保、コロナ用病床の確保、開業医の協力体制構築、そのための資金的手当て等々、やるべきことは多々あった。医療従事者は世間から危険視され、看護師は清掃・洗濯など雑務まで負わされ、開業医はコロナ感染者を敬遠する。これだけの悪条件が揃えば看護士らの退職が増えたのも当然である。政府は年末から年明けにかけて医療従事者への協力金や病床に対する補助を打ち出したが、少なくとも半年は遅れた対応だった。

　第一義的には政府の失策が大きいが、自治体の対応も充分だったとは言い難い。年明け以降の病床ひっ迫は感染者の激増によるものだが、感染治療を終えた患者の転院先を確保できないことや、軽症者の受け入れ先を確保することは自治体の役割でもある。そのためには地元医師会との連携も含めて、やはり2020年夏以降に準備すべきだっただろう。

　厚労省の調査では2020年11月末時点でコロナ患者の受け入れ可能な病院は公立病院71%、国立病院など公的病院83%、民間病院21%となっており、政府は民間の努力を求めている。ただ、民間病院は小規模のものが多いうえ、必要な設備や専門の医師などが整っていない病院も多く、簡単に感染症に対応

できるわけではない。一方で大規模な国立国際医療研究センターや東大病院が重症患者を数人しか受け入れていない実態もわかり、国が民間に責任を押し付けているとの批判も出ている。

　そもそも政府は医療費の削減を理由に病床の削減を続けており、コロナ以前の 2019 年 9 月、全国の公立・公的病院のうち 424 病院を再編・統合の検討対象に挙げた。公立病院の多くは民間が引き受けない立地条件や儲からない患者も引き受けなければならず、赤字体質になりがちだが、再編対象に挙げられた病院の多くが今回の感染症指定医療機関として奮闘している事実は皮肉でもある。

　自宅療養者の中から死者が相次ぐ事態は適切な医療体制を組まなかった政府に第一の責任がある。ただ、自治体にとっても、公立病院の役割分担や民間病院との連携など、今後取り組むべき課題も浮き彫りになった。各都道府県も政府が進めてきた地域医療体制を改めて見直す必要があるのではないか。

2) 窮迫する保健所業務

　医療体制の点でもう一つ注目されたのが保健所である。ＰＣＲ検査不足以来、ずっと保健所業務の逼迫が伝えられてきたが、感染者の急増で保健所業務が回らなくなり、遂に神奈川県は 2021 年 1 月 8 日、「感染経路や濃厚接触者の追跡を原則としてやめる」と発表した。東京都も 1 月 22 日、感染者の追跡を医療

機関や高齢者施設関係者に絞る同様の措置を追随した。感染の可能性のある人を追跡し、潜在感染者を発見することは感染拡大に不可欠なのに、感染者が最も多い自治体がそれを放棄したわけで、事態の深刻さを物語る。しかし、これは神奈川や東京だけの問題ではない。

大阪市は2000年に市内の保健所を1つに統合し、24区に人員を削減した保健福祉センターに置く体制に移行しており、今回のコロナ禍でその脆弱さが露呈した。2020年春以降、他部門からの応援を増やす一方、保健師の募集を続けているが、不足が解消されない状態が続いている。

一番の問題は「保健所法」の改正で「地域保健法」が1997年に施行されたのを機に保健所が削減されたことで、92年に全国で852カ所あった保健所が2020年4月には469カ所とほぼ半減している。全国的に保健所体制が脆弱化しているわけだ。

神奈川県や東京都の場合、そこまで追い込まれたということだろうが、感染経路の追跡作業は保健所の職員でなくてもできるし、保健所業務も保健師の資格を持たなくてもやれる事務作業など支援すべきことは山ほどある。県や市の職員を動員して応援体制を組むことは可能だ。2020年夏以降、その準備を進める時間はあったし、保健所業務の逼迫を改善するのは自治体側の責任でもあるだろう。

鳥取県では政府がPCR検査に厳しい要件を課していた時から「疑わしきは

検査する」を基本に検査数を広げて早期に封じ込め、保健所にも県から職員を派遣したり、新たに医師を雇用したりする応援体制をとっている。徳島県も保健所以外に勤務する保健師や保健所 OB・OG を活用して保健所業務の支援に努めている。

3 緊急事態宣言と補償

1）曖昧な国と地方の権限

　感染防止にかかわる国の施策で最もインパクトがあったのが「緊急事態宣言」。20 年 3 月 13 日に成立した新型コロナウイルス対策特別措置法に基づく措置である。3 月 29 日にタレントの志村けんさんが死去したことが報じられ、4 月 6 日までの感染者累積数は東京都の 1123 人を筆頭に、大阪府で 429 人、埼玉、千葉、神奈川、福岡でも 100 人を超えたほか、これらの地域で感染経路不明の比率も半数を超えるなど大都市圏での感染が急速に拡大した。

　こうした事態を受けて政府は 4 月 7 日、埼玉、千葉、東京、神奈川、大阪、福岡の 7 都府県に緊急事態宣言を発出、「人の接触を最低 7 割削減する」ことを目標に各界に自粛などを要請した。諸外国の都市封鎖（ロックダウン）とは異なり、あくまで「不要不急の外出自粛」や「遊技場や遊興施設などの使用制限」などを要請するもので、強制力はないが、これにより学校の一斉休校がそのまま延長されたほか、飲食店をはじめ、映画館や劇場、百貨店、ホテル、博

物館、図書館などで営業を自粛する動きが相次いだほか、各種イベントが中止や延期となった。

　ここで問題となったのが、国と地方の権限の所在があいまいだったことだ。特措法では「政府対策本部が（中略）基本的な対処の方針を定める」（第18条）とし、「政府対策本部長は（中略）基本的対処方針に基づき（中略）都道府県の知事（中略）に対し（中略）総合調整を行うことができる」（第20条）、「総合調整に基づく措置が実施されない場合（中略）必要な支持をすることができる」（第33条）と、国に総合調整権と指示権を与えている。

　他方、緊急事態宣言が発出されると「特定都道府県知事は（中略）学校、社会福祉施設、興行場、その他の政令で定める多数の者が利用する施設を管理する者または当該施設を使用して催物を開催する者に対し、（中略）使用の制限若しくは停止または催物の開催の制限若しくは停止その他政令で定める措置を講ずるよう要請することができる」（第45条）と、知事に具体的な措置を決める権限を与えており、国と地方の権限の線引きが不明確になっている。

　このため、東京都の小池百合子知事は宣言発令前、「ロックダウン」という言葉を口に出し、デパートや居酒屋など幅広い業種に休業要請する考えを示していたが、経済への打撃や市民生活の混乱を懸念した政府は宣言発令と同じ日に基本的対処方針を改定、休業要請は「国に協議のうえ」行うとの文言を付け加えて自治体の権限に縛りをかけた。特措法では自粛期間と範囲、休業要請する

施設などを判断する権限を知事に認めながら、実際には国が関与する仕組みにしたわけだ。このため、休業要請をどの範囲にするか水面下で国と都が攻防を繰り広げ、都が具体的な休業要請を出したのは宣言発令から3日後の4月10日にずれ込んだ。

当初案から理髪店が外され、デパート、ホームセンターなどの具体的な業種名を外して「生活必需品の小売り関係以外の店舗（床面積1000㎡超）」と緩和し、居酒屋は休業から営業時間短縮の協力要請に変わるなど、規制内容の縮小を余儀なくされた。法律に則った仕組みとはいえ、条文にない内容を「対処方針」で中身を変えるやり方に、小池知事は「途中から国との協議が入ってきた」「（知事の）権限は元々、代表取締役社長かなあと思っていたら、天の声がいろいろ聞こえてきて、中間管理職になったような感じ」と痛烈に皮肉った。

知事の権限は条文の本体に明記されているのに、国が単なる運用指針で知事の権限を縛るのは法を無視したやり方で、地方分権改革で勝ち取った国と地方の対等関係を反故にするものだ。本来なら大論争になっても当然の問題だが、東京都が国に押し切られた格好となった。

その一方で政府は緊急事態宣言の解除時期に関しては「自分たちで決める」という大阪府の吉村知事の言い分を認め、知事の判断に任せることを容認した。どの範囲を規制するかさえ国が押さえておけば解除は地方でもかまわないということかもしれないが、首尾一貫しない政府の姿勢が露呈したと言える。こ

うした国と地方の権限の曖昧さについて一部の知事から批判の声も出たものの、地方全体で抗議するような事態にはならず、全国知事会も4月17日、各知事が緊急事態措置として協力要請する施設の範囲などについて国の方針を個別具体的に明確にするよう緊急提言した程度にとどまった。

2) 1都3県に連携の乱れ

営業の時間短縮など自粛を要請すれば、それに伴う損失の補填が必要になる。補償に及び腰の国に先んじて対策を打ち出したのが東京都。4月10日、小池都知事は記者会見で休業要請する事業者に対し一社に50万円（複数事業所を持つ場合は100万円）の協力金を支給すると言明したのだ。財政に余裕のある東京都だからできることだったが、他の府県からは「補償がなければ休業要請できない」「休業要請と補償をセットにすべき」との不満が続出。全国知事会も4月17日、西村経済再生担当大臣に事業者への損失補償と観光・宿泊・飲食等の事業者に対する救済措置を講じるよう要請した。この圧力に押されて国は、自治体が休業要請した事業者に支払う「協力金」制度を設ける際は「新型コロナウイルス感染症対応地方創生臨時交付金」を活用できるようにした。

緊急事態措置の対象範囲を巡って東京都と国が対立した件でも、実は休業補償の問題が大きく影響した。財政にゆとりのある東京都は休業要請の対象業種をできる限り広くしようとしたが、他の府県はそう簡単ではない。事実、宣言

発令翌日の８日、

　対象となった７都府県と西村経済再生担当大臣とのテレビ会議で神奈川県の黒岩知事らが東京と同じような協力金を出せないと、異論をはさんだ。連携すべき周辺県の支持を得られなかったわけだ。

　１都３県は同じ経済圏・通勤圏であり、東京だけを抑え込むのは難しい。個別の施策の権限はそれぞれの知事にあっても、有効に機能させるには周辺県との調整は欠かせない。小池知事がそこまで気が回らなかったのだろうか。ただ、周囲３県にも落ち度がある。緊急事態措置の対象を決めるのは知事の権限なのだから、その点に関しては応援すべきだった。財政の裕福な東京とややパフォーマンスが目立つ小池知事へのやっかみがあったのかもしれないが、地方の権限に関しては共同歩調をとりつつ、財政支援については１都３県の連携を探るのが本来の在り方だろう。東京と３県の双方に配慮が足りなかったために国に押し切られたことはその後の教訓ともなった。

　地方分権の時代は一定程度の地方間格差が出ること自体は否定できない。必要なのは、コロナのように全国に影響を及ぼす被害については国が基本的な補償を引き受け、さらに上乗せするかどうかは地域の実情に合わせて地方に任せるのが本来の在り方だろう。地方は財政格差のある自治体同士で足を引っ張り合うのでなく、政府に基本的な措置を求めるべきだろう。

4　落差目立つ自治体の対応

　感染症対策では広域での連携が重要になる。感染者の発生も医療能力にも地域差があり、それを補完するには周辺県の支援や共同歩調も必要だ。その点で関西広域連合はそれなりに有効な役割を果たしたようだ。2020年3月15日、連合内に対策本部を設置、①医薬品・医療器材、医療人材の広域融通②PCR検査の広域連携③広域的な患者受け入れ——などについて連携していくことを決めた。中国地方知事会も2020年4月20日、医療従事者や重症患者の受け入れ、医療施設・機器、医薬品等を相互支援する「広域支援に関する協定」を締結している。8月に感染が急拡大した沖縄県では医療体制がひっ迫する中、看護師の不足に対し全国知事会の働き掛けで15都県から看護師が派遣され、大いに助かったという。ただし、こうした広域の取り組みは一部にとどまったのが実情だ。

1）大半の自治体は国の指示待ち

　コロナ対策を巡っては東京の小池知事や大阪の吉村知事をはじめ大都市の知事の発言と施策が注目を集めた。国の対策が後手後手に回って信頼を失ったこともあり、発信力のある知事の素早い対策や政府に対する突き上げなどが相対的に評価された。一部にはパフォーマンスに過ぎないとの声も出たが、地域

の実情をよく知り、直接、住民に対する首長にとっては当然のことだろう。残念なのは、こうした独自の行動は一部に過ぎず、大半の首長が「国の指示待ち」を通したことだ。

　一斉休校や事業者の休業・営業自粛に関しても都道府県単位で網をかけられたが、市町村長からの異論はわずかだった。東京都でみても、都心から120〜1000kmも離れた伊豆・小笠原諸島を同じように規制の対象にするのが妥当かどうか。九州と四国を合わせた面積よりも広い北海道では、札幌市から根室市までの直線距離は約340kmあり、東京から滋賀県大津市近くまでに相当する。函館—稚内間も東京—大阪と同じ距離。つまり東京の感染で規制をかけたら滋賀や大阪までの県も規制対象になるのと同じ理屈である。ウイルスにとっては行政の境界は何の意味もない。感染症、とりわけコロナのように世界的流行の感染症の場合、国や都道府県のような広域の対策が不可欠なのは当然だが、規制、なかでも学校の休校などは基礎自治体レベルの意思や特性などが考慮されてしかるべきだ。

　他の地方の県でも感染者が多いのは県庁所在都市や中核的都市が主で、実情に合わせて規制範囲を絞ることも可能だろう。そうしたことについて、市町村がもっと主体的に動いても良さそうだし、緊急事態宣言下で権限を持つ都道府県も市町村との丁寧な協議のうえで実情に応じた規制を考えるべきだろう。

　もちろん、その場合も経済的な支援は不可欠だ。規制対象から外れても人の

移動の減少で打撃を受けることが予想されるため、どうせなら一斉に規制対象にしてもらって補償を得た方が良いと考えても不思議ではない。そうした不幸な選択をしなくても済むよう、国も都道府県も配慮が必要だ。

2）　差別禁止などを主に条例制定相次ぐ

　全体として各自治体の「指示待ち」姿勢が大勢を占める中、独自の取り組みもなくはない。比較的目立ったのがコロナ対策関連の条例制定だ。感染防止の努力規定や感染者に対する差別禁止を主としたものが多く、2020年3月、名古屋市が制定したのを皮切りに2021年2月時点で12都県、40市町村の制定が確認された。罰則を規定したものは見当たらないが、私的権利の侵害にかかわるものもあり、微妙な問題を提起している。

　鳥取県が2020年8月制定した「新型コロナウイルス感染拡大防止のためのクラスター対策等に関する条例」ではクラスター（5名以上の感染者）が発生した場合に店名・住所を公表できるようにし、2021年1月21日、米子市の飲食店に関して初適用した。ただし「感染の疑われる従業員名をすべて届け出れば店名の公表はしない」という例外規定を設けており、積極的な情報提供につながっているという。

　徳島県も2020年10月7日、事業者の感染対策の義務化やクラスター発生時の施設名公表、差別的取扱いや誹謗中傷などを盛り込んだ「新型コロナウイ

ルス感染症の感染拡大の防止に関する条例」を施行したが、同県は条例制定前の 2020 年 7 月 31 日にコロナ感染者が立ち寄ったラーメン店の店名を公表した事案について同店から 2021 年 2 月 5 日、「同意なく店名を公表され、営業の自由を侵害された」として損害賠償を求める訴訟を起こされた。県は「感染経路の追跡が困難な場合、同意なしで店名を公表できる」とした国の指針（7 月 28 日付け通知）に準じたと説明している。

　参考になるのが福井県が 7 月に創設した「クラスター防止協力金」制度。感染者が出た事業者が従業員らの PCR 検査受診に協力し、施設名、発生日時などを県が公表することに同意した場合、協力金 50 万円を支給するようにした。公表により感染者の掘り起こしが可能になり、コロナ第 2 波の感染拡大率が第 1 波の時に比べ半分程度にとどめられたとの試算を 12 月に発表している。

　店名公表は罰を与えることではなく、感染の可能性のある人への周知と検査が目的だが、店舗の営業にかかわるため、是非の判断は難しい。2020 年 2 月、国内初のクラスターとなった東京の屋形船の場合、狭い業界のため店名が公表されなかったにもかかわらず、すぐに知れ渡り、当該店だけでなく、業界全体が経営危機に見舞われた。その後、クラスターが発生した際は施設名公表が続出したが、公共施設を除けば、感染が少数の場合は店名が伏せられることが一般化した。店側が自主的に公表したのは 2020 年 2 月の北海道旭川市のとんかつ店が最初。「お客に正しい情報を伝えたい」という店主の意向に沿ったもの

で、勇気があるとの称賛も出た。一度名前が出れば、営業への打撃が大きいが、店名が不明なら、立ち寄った客の方もわからず、感染の危険を広めるリスクがある。「食中毒なら店名を公表し、すぐに営業を停止するのにコロナではなぜできないのか」と疑問をなげかける知事もいた。

　店名公表が無理な場合でも専用の相談センターを設け、発生日時と大まかな発生場所を告知して心当たりのある人の電話相談を受けるような方法も考えられる。相談者に行った店の名前を言ってもらい、該当するかしないかを答えれば一般に店名を明かさずすむ。様々な手法が考えられるが、公表は結果的に損失を与えることになるため、長短を十分に議論したうえで条例化することが望まれる。

　感染対策システムへの登録を事業者と県民に義務化するユニークな内容の条例を制定したのが茨城県。県独自の感染対策システム「アマビエちゃん」は、登録した飲食店などの事業所に掲示された「感染防止対策宣誓書」のQRコードを利用客がスマートフォンなどで読み取ってメールアドレスを登録すると、同じ日にその事業所で感染者が出た際に通知が届くシステム。2020 年6月下旬から運用していたが、その登録と利用を義務付けた「茨城県新型コロナウイルス感染症の発生の予防又はまん延の防止と社会経済活動との両立を図るための措置を定める条例」を 10 月2日施行した。

　不特定の人が出入りし、密になりやすい施設としてスナック、カラオケ、劇

場、百貨店、飲食店、理美容室、ホテルなど幅広い業種を対象とした。登録を促進するため、事業者に対し3万円（複数の施設・店舗を持つ場合は6万円）の協力金を支給し、利用者にもプレゼントキャンペーンを実施した。登録は順調とは言えないが、試みとしては参考になる。

3）見習いたい山梨県の「グリーン・ゾーン認証」

　条例ではないが、要綱を設けて感染症に強い事業環境づくりを制度化した山梨県の「グリーン・ゾーン認証」は着実な取り組みだ。2020年5月に始めたもので、宿泊業、飲食業、ワイナリー、酒蔵の4業種を対象に感染予防対策の基準を設け、県職員らが直接出向いてチェックし、基準を満たしたと認定されれば認証ステッカーを交付する仕組み。チェック項目はレジでのアクリル板などのパーティションの設置や送迎車の人数制限、テーブルでの対人間隔、室内の換気、料理の取り分けなど業種ごとに30〜50項目にも及ぶ。対策に必要な物品や設備整備を支援する助成金も宿泊業には最大300万円、他の中規模事業者には最大30万円を支給する。2021年3月には全県で対象移設の9割、約4300件が認証を取得した。東京都も似たような仕組みの「感染防止徹底宣言ステッカー（レインボーステッカー）」を2020年6月に設けたが、施設側が対策を講じていなくても好きなようにステッカーを取得できるため、何の保証にもならず、似て非なるもの。東京都は膨大な数にのぼるため、直接のチェックが難し

いとはいえ、対策の保証にならない制度を設けても意味がなく、税金の無駄遣いでしかない。

　山梨県では認証を受けた宿泊業に対して1人1泊最大1万円の割引を補助する「やまなしグリーン・ゾーン宿泊割り」も実施した。国の「gotoトラベル」キャンペーン停止に伴って一時中止したものの、2021年2月中旬から3月末まで県民限定で再開するなど、「安心」を提供する制度をうまく活用している。

　こうした自治体独自の取り組みの半面、残念なケースもある。「新型コロナウイルス感染症対応地方創生臨時交付金」の使い道である。この交付金は感染拡大防止とコロナで影響を受けた地域経済や住民の生活を支援することを目的に2020年度に創設された制度で、総額4兆5000億円にのぼる。基本的に地域の実情に応じて自治体が自由に使える仕組みだが、果たして適切なのか疑問や批判も出ている。

　新潟県では県立歴史博物館の空調整備や照明のLED化、PR動画の制作費などの約1億円、高知市はプロジェクションマッピングで彩った金魚を展示する「アートアクアリウム展」の開催費3億7500万円、広島県三次市は公用車の買い替えでマツダ車10台に約1600万円、徳島市は徳島城をイメージしたイルミネーションと阿波踊り映像の上映イベントに約2000万円、宮城県気仙沼市はNHKの朝ドラを盛り上げる実行委員会への補助金5000万円を充当した。佐賀県ではスポーツ大会の動画配信に対応する電光掲示板やスコアボード

などの購入費約5800万円や、差別解消のための「佐賀誓いの鐘」を県庁に設置する費用779万円などが補正予算案に計上されたが、議会で「交付金の使い道として不適切」との批判を浴び、「誓いの鐘」予算は削られた。

　バブル期に竹下内閣が実施した「ふるさと創生1億円事業」では1億円で金塊を展示した町など無駄遣いのあれこれが話題となったが、今回の額はその約15倍。もちろん、本来のコロナ対策や影響を受けた事業者・住民への支援が大半だろうが、いまだに国の厳しい制限がなければ適切な使い道もできない自治体が多いことは残念としか言いようがない。

　一方で、国の手法も大いに問題がある。「コロナ対応」と言いながら、コロナとは関係もない産業振興策を事例集に挙げており、単なるバラマキを奨励する仕組みになっている。巨額の金を割り当てられた自治体は短い期間に実施計画を出して認定を受ける必要があり、自治体が充分に吟味する余裕もない。しかも、これほどの巨額予算について国会で充分に議論されなかっただけでなく、その政策立案過程に肝心の自治体が全く参加できなかった。全国知事会など地方6団体も、単に金が降りてくるのを良しとせず、必要な金を地方の意思で使えるように政府に要求しなければ「地方分権」は成り立たないことを再確認すべきだろう。

5 分散・連携型社会へ

1) 人口の一極集中を上回る感染者の集中

　コロナ感染者の総数は当然のように人口の多い都道府県ほど多いが、きれいに人口に比例しているわけではない。2021 年 2 月末時点の人口 10 万人当たりの感染者数をみると、東京の 802 人を筆頭に首都圏、阪神圏、北海道、愛知、

（表2）都道府県別感染者総数
（2021 年 2 月末時点）

都道府県	感染者数（人）	順位	都道府県	感染者数（人）	順位	都道府県	感染者数（人）	順位
北海道	19,093	7	石川県	1,851	27	岡山県	2,484	23
青森県	816	39	福井県	545	42	広島県	5,022	14
岩手県	554	41	山梨県	939	36	山口県	1,382	30
宮城県	3,612	18	長野県	2,364	24	徳島県	452	44
秋田県	269	46	岐阜県	4,722	15	香川県	753	40
山形県	543	43	静岡県	5,141	13	愛媛県	1,063	35
福島県	1,947	25	愛知県	25,830	6	高知県	884	38
茨城県	5,755	12	三重県	2,528	21	福岡県	18,038	8
栃木県	4,093	17	滋賀県	2,467	22	佐賀県	1,057	34
群馬県	4,502	16	京都府	9,046	10	長崎県	1,612	29
埼玉県	29,347	4	大阪府	47,123	2	熊本県	3,439	19
千葉県	26,395	5	兵庫県	17,943	9	大分県	1,293	31
東京都	111,676	1	奈良県	3,358	20	宮崎県	1,951	26
神奈川県	44,899	3	和歌山県	1,163	32	鹿児島県	1,761	28
新潟県	1,080	33	鳥取県	210	47	沖縄県	8,193	11
富山県	905	37	島根県	284	45	全県計	430,384	

福岡などの大都市圏が上位に並ぶ。総人口が 25 位の沖縄県が 10 万人当たりでは 2 位と感染者が多い半面、逆に総人口が 10 位の静岡県が 10 万人当たりでは

24 位、総人口が 15 位の新潟県も人口当たりで 43 位と低く抑えられている。

10 万人当たりの感染者が最も少ないのは秋田県の 27.8 人、次いで鳥取県の

37.8 人で、秋田県は東京の約 30 分の 1 に過ぎない。こうした地域間の落差の

理由については今後、詳細な分析・研究が待たれるが、概ね大都市を抱える都

道府県の感染者が多く、地方都市の感染者が少ないことがうかがえる（表２、

３）。

（表３）都道府県別人口 10 万人当たり感染者数
（2021 年 2 月末時点）

順位	都道府県	感染者数（人）	順位	都道府県	感染者数（人）	順位	都道府県	感染者数（人）
1	東京都	802.2	17	熊本県	196.7	33	鹿児島県	109.9
2	沖縄県	563.9	18	宮崎県	181.8	34	福島県	105.5
3	大阪府	534.9	19	広島県	179.1	35	山口県	101.8
4	神奈川県	488.1	20	滋賀県	174.5	36	富山県	86.7
5	千葉県	421.7	21	石川県	162.7	37	愛媛県	79.4
6	埼玉県	399.3	22	宮城県	156.6	38	香川県	78.8
7	北海道	363.7	23	三重県	141.9	39	福井県	71.0
8	福岡県	353.4	24	静岡県	141.1	40	青森県	65.5
9	京都府	350.2	25	岡山県	131.4	41	徳島県	62.1
10	愛知県	342.0	26	佐賀県	129.7	42	山形県	50.4
11	兵庫県	328.3	27	高知県	126.6	43	新潟県	48.6
12	奈良県	252.5	28	和歌山県	125.7	44	岩手県	45.2
13	岐阜県	237.6	29	長崎県	121.5	45	島根県	42.1
14	群馬県	231.8	30	山梨県	115.8	46	鳥取県	37.8
15	栃木県	211.6	31	長野県	115.4	47	秋田県	27.8
16	茨城県	201.2	32	大分県	113.9		全県平均	341.1

感染者総数でみると、東京都の人口は全国の 11％なのに対し感染者総数は

25.9％に達し全国の 4 分の 1 を占める。千葉、埼玉、神奈川を含む 1 都 3 県で

は人口が全国の 30.6％なのに感染者数は 49.3％と実に半数を占める。一方、京都、大阪、兵庫の 3 府県は人口が全国の 13.4％に対し感染者は 17.2％と幾分高めにとどまっている。人口規模と人の移動頻度の相乗作用により人口の一極集中以上に感染者が首都圏に一極集中しているのだ。ちなみに都道府県別の県内総生産（2017 年度）をみると、東京都は 106 兆 2382 億円で全国の 18.9％、1 都 3 県では 186 兆 3660 億円と 33.2％を占める。首都圏は政治、経済、文化の集中が人口の集中を呼び、人口集中がまた経済力を拡大させる力となっているが、その規模は感染者の集中には及ばない。このことは地震などの自然災害同様、感染症のような災害でも一極集中がいかに危険かを示してもいる。

2）改めて注目される「地産地消」

　世界を覆ったコロナ禍は、人々の暮らしが世界と結びつき、相互依存の下で成り立っていることを改めて気づかせた。日本を例にみても、マスクの供給は圧倒的に中国に依存し、ワクチンは英米に頼る。観光分野は中国をはじめ海外旅客のウエートが年々大きくなる一方、地方では首都圏や関西など大都市圏への依存が大きいことを見せつけた。

　石油や鉱物資源など典型的な輸入依存の資源だけでなく、食料や工業製品、あらゆる製品が世界規模の精算と流通に頼っているが、ひとたびそのルートがどこかで切れればたちまち経済や社会が成り立たなくなる危険を抱えている。

自動車部品でも単品に特化した生産拠点を世界に分散させた結果、どこか１つの拠点がストップするとすべての工程に影響を与え、完成品ができなくなる。こうしたリスクを小さくするため、生産・調達先の複数分散化と「地産地消」が改めて注目された。

　今回、マスクに関しては急遽、国内企業が生産に参入して急場をしのいだ。これは国内での生産についても同じことが言える。効率の面からは拠点ですべてを供給できる生産をする方がいいのだろうが、地震など大災害を受ければ生産がストップする。拠点自体に影響がなくても輸送ルートが壊れればやはり流通がストップする。生産拠点の分散は人の分散でもあり、リスクの分散である。東京一極集中の是正が大きな課題になっているのもそのためだ。東日本大震災でその重要性が指摘されながら、時がたつにつれ忘れられてきたが、今回のコロナで改めてクローズアップされた。

　医師や病院も同じで、すべてを東京に集中させても全国の医療をカバーできない。地方ブロック、都道府県、市町村のそれぞれの中に専門医や専門病院がある程度分散され、かつそれに準じる部隊が応援できる体制が普段から用意されなければ、たちまち医療崩壊に結びつくこともわかった。

　各地でコロナの病状が回復してもすぐに退院できない人の転院を拒むケースが多いが、東京・墨田区が取り組んだ病院連携は大いに参考になる。区は一般病院が受け入れやすいよう、国の退院基準をクリアし、感染のリスクが低い

ことを説明して協力を呼び掛けた。そのうえで感染対策として1病院に1000万円を補助し、感染症指定医療機関である都立墨東病院で回復した患者を区内7つの一般病院が受け入れる体制を整えた。これにより入院待機者ゼロを実現した。

　観光面では新たな道を探る芽が見えた。域内観光・マイクロツーリズムへの着目だ。緊急事態宣言で他県への移動自粛が要請され、自治体や観光業界が域内での観光に力を入れ始めたからだ。おかげで普段注目しない地元資源の発掘・発見の動きが強まり、人々も身近に良いものがあることを知るきっかけになった。コロナ禍が収まればまた遠距離旅行が復活するが、域内観光の分野はもっと研究されていいし、今後広がりを見せるのは間違いないだろう。自治体にとっては地域の良さを住民に知ってもらうチャンスだし、その良さはまた他地域にアピールする材料となる。

　群馬県が始めた公営住宅と学生の連携もユニークだ。前橋市の広瀬団地の空室に低家賃で学生が入居できるようにする一方、学生が地域のイベントや草むしりなど高齢者住民への支援など地域活性化に貢献し、地域社会についても研究する仕組み。群馬県住宅供給公社と前橋工科大学が2020年10月、連携協定を締結して実現した。コロナ禍でアルバイト収入が減った学生にとっても大いに助かる取り組みである。人材がいて、若者がいる、けれども若者はお金がない。片や団地は空室と高齢者が増えるばかり、力仕事や活動的な取り組みは難

しい。様々な条件を組み合わせたらこのアイデアになった。

　地域の元気づくりはあるもの探し、地域資源の活用が不可欠だ。それぞれの地域には自然条件、社会的・経済的インフラ、そして財政能力など様々な条件があり、「あれもこれも自前で完備」は無理な話。コロナ禍を機に今ある資源を活用する道を再確認したい。

3)　東京"脱出"が増えても首都圏で吸収

　コロナ禍がもたらした新しい働き方・暮らし方の代表が「テレワーク」だろう。在宅勤務を奨励する政府の呼び掛けもあって大手企業やＩＴ・情報関連企業などでかなり広がった。このムーブメントは東京一極集中を変える材料になるのだろうか。東京都の人口推計によると2021年1月1日現在の人口は1396万236人と前年比8600人増加した。全国で人口が減少するなかでの増加だが、その中身には変化がみられる。総務省の「住民基本台帳人口移動報告」をみると、転入者は43万2930人と前年比7.3％減ったのに対し転出者は40万1805人と4.7％増加した。この結果、年間ではまだ転入超過だが、その実数は3万1125人と前年の8万2982人から62.5％もの大幅減となった。2020年5月に2013年以降初めて転出が転入を上回り、7月以降転出超過が続いており、東京からの"脱出"の傾向もうかがえる。

　ではこの脱出組はどこへ流れたのか。全国で東京以外に転入超過が多いのは

神奈川県（2万9574人）、埼玉県（2万4271人）、千葉県（1万4273人）、大阪府（1万3356人）、福岡県（6782人）、沖縄県（1685人）の6府県。千葉県は前年から5割も増えている。また茨城、栃木、群馬の北関東3県は転入超過が7割前後、山梨、長野両県も半数程度縮小しており、東京の近隣県の増加が目立つ。

　NPO法人ふるさと回帰支援センターによると、東京への通勤がギリギリ可能な100〜150km圏内の地方都市に人気があり、これらの県への移住相談件数が急増しているという。テレワークが導入されても時々は出勤が必要なため、安い家賃で広い住宅が得られる首都圏及び周辺県が選ばれているようだ。

　それでも1都3県の転入超過数は約10万人にのぼっており、東京一極集中の大きな流れは変わっていない。多数の犠牲者を出したコロナ禍は大いなる不幸だが、そこで見えた構造的問題やリスク、変化をプラスに転化し、新たな志向で分権・分散型社会を構築できるように進めたい。

```
┌─────────────────────────────────────────────┐
│                                               │
│   コロナが促すソーシャルエコノミー                      │
│                                               │
│                                               │
│                              鈴木　克也           │
│                                               │
└─────────────────────────────────────────────┘
```

1　コロナ禍とソーシャルエコノミー

1）社会問題の重要性

　社会が高度化し、複雑化すると社会問題が増加し、それらが絡み合って「社会的危機」として爆発することがある。

　今回の新型コロナ感染症の蔓延への対処のケースもそうだが、阪神淡路大震災、東日本大震災、福島原発事故、熊本大震災の時も、きっかけは自然災害だったが、そこにそれまで潜在的に蓄積されてきた様々な社会問題が絡みあって、適切な対処を遅らせ、事態を深刻化させている。

（表面化する社会問題）

　最近日本で表面化している社会問題としては、少子高齢化、都市の過密化と地方の過疎化、環境問題などと並んで地域交通、地域医療、地域教育などがある。これらの問題については従来の学問領域だけではとらえきれない点もある

ので、エコハ出版では 2018 年に『ソーシャルエコノミーの構図』の出版をとおして問題提起してきたところである。

本稿では上記の観点から、今回のコロナ禍と社会問題がどのようにかかわっているのかを「社会的共通資本」や「ソーシャルエコノミー」概念との関係で検討する。さらに、具体的な事例として、「環境問題とソーシャルビジネス」「農業問題とソーシャルビジネス」「観光の振興とソーシャルビジネス」を提示する。

（コロナによって表面化した社会問題）

① 都市集中

コレラ、ペスト、梅毒、インフルエンザ等の疫病は、これまでもしばしば人類を悩ませてきた。医療技術の進んだ現在でも新型コロナの蔓延がおこったこと自体に大変驚かされるが、こんな事態になったのには大都市への人口の集中と夜間の人々の生活様式が大きく関係していることは明らかである。

② 高齢化問題

高齢化は、一面で医療技術の進歩のおかげであるが、今回のような「社会的危機」においては、脆弱性を見せる。一般的に、高齢者の方が感染しやすく、重症化しやすいし、介護の手間もかかってしまう。

③ 社会的弱者

高齢者や障害者などは、どうしても「社会的弱者」となってしまい病院や買

物のための移動にも支障が出てしまう。マスコミやデジタル対応などの点でも様々な問題が出てしまう。

④ 核家族化

　特に大都市における核家族化の結果、各個人がバラバラになっているため、相互扶助のシステムが働かず、子供の育児などに大きな問題が出てしまう。地方は過疎化が進んでいるので、本来、農林水産などの一次産業の再生に向えないという問題もある。

⑤ 地域医療

　病院、保健所、介護施設、救急システムなどについても、日ごろから今回の様な事態を想定しておくことは無理としても、非常時にどれだけの対応力を示せるかが問われているのである。今回の様な事態は、不要不急として後回しにされてきたのが実態である。

⑥ 精神面

　最も重要な精神面でも、家族間、世代間、近所間、地域コミュニティ間の分断が進み、思いやりの余裕もなくなり、差別的な言動も目立つようになり、人々の交流を通しての心の絆にも問題が生じているケースもある。

2) ソーシャルエコノミーの考え方

　今起こっている様々な社会問題の表面化や「社会危機」に適切に対応するにあたっては,そのベースとして「社会的共通資本」の考え方が需要になる。

(社会的共通資本)

　社会的共通資本とは、人間が人間らしい社会生活を営んでいくために必要な最もベースになる社会資本のことであり、提唱者の故宇沢弘文教授は、環境、空気、水などの自然資源と共に医療、交通、教育などの社会資源についても「社会的共通資本」として守ることの重要性を強調されてきた。これらは、日ごろから「社会的共通資本」として保持しておく必要があるのだ。

　戦後、比較的平安な時代が続いた日本では、その必要性についての認識が希薄になってきたことが、今回のコロナ禍で大きくクローズアップされた。

　　　　(注1)　宇沢弘文　『傑作論文全ファイル』　東洋経済新報　2016年3月

(ソーシャルエコノミー)

　この「社会的共通資本」については、これまではどちらかというと公共セクターがその役割を担ってきたが、これからは民間セクターもその役割を果たさねばならなくなってきた。

　ところが、この分野はこれまでの「資本の論理」「利潤追求」とは全くなじまない分野であり、かといって、税金だけで賄おうとしても、硬直化した官僚体制では非効率な事も多い。

そこで、このセクターを資本主義でもなく、社会主義や官僚主義でもない「第3の道」としてとらえようという考えがある。イギリスのブレア政権でこの実行がなされ注目されたことがあるが、政治的な弱点もあり残念ながら定着しなかった。この考え方を新しい観点から見直そうというのがここでいう「ソーシャルエコノミー」である。

　（注2）　アントニーギボンス「日本の新たな第3の道」ダイヤモンド社2009年

　すなわち、これからも、増加し深刻化するであろう社会問題に有効に対処するには資本主義の枠を超え、従来の公共の枠も超える新しい考え方が必要だということある。

　そこに、従来の公共セクターとしての交通、教育、医療だけでなく、生協や各種の社会組織も含まれるし、民間からは本稿の中心的テーマである「ソーシャルビジネス」も含まれる。複雑化した社会問題にアプローチするにはそれらを総動員した総合的視点が必要だということで、その意味合いを込めてここではそれを「ソーシャルエコノミー」と名付けた。

　（注3）この「ソーシャルエコノミー」の概念については、まだ十分な考察が進んでいないので、今回はその中核部分をなす「ソーシャルビジネス」を中心に述べる

（ソーシャルビジネスの要件）

　社会で発生している様々な社会問題に対して、新しい解決方法として「ソーシャルビジネス」に期待したいということについては、これまでも様々な機会

に論じてきた。

（注4）　エコハ出版「ソーシャルエコノミーの構図」2018年3月

　ここでいうソーシャルビジネスとは、出発点として社会問を優先的課題としてとりあげ、事業業性と革新性をもってビジネスを展開する組織のことを指し、経産省もこれを公式見解としている。

「社会性」: 　現在、解決が求められている社会的課題に取り組むことを事業活動のミッションとすること。

「事業性」; 　ミッションをビジネスの形にし、継続的に事業を進めていること。

「革新性」; 　新しい社会的商品・サービスやそれを提供するための仕組みを開発したり、活用したりすること。またその活動が社会に広がることを通して、新しい社会的価値を創造すること。

（ソーシャルビジネスの形態）

　ソーシャルビジネスというと、日本では普通、ボランティア活動に起源を持つNPO等の非営利的企業である「ソーシャルベンチャー」をさす場合が多い。しかし、米国やイギリスでは既存の大企業であっても社会性の強い企業については、「ソーシャルエンタープライズ（社会的企業）」して評価する考え方がある。また、公的セクターであっても、生活協同組合や高齢者むき介護施設、障

ガイ者支援の教育施設なども概念的には非常に近い関係にある。それらを含めて、ソーシャルビジネスの全体的な位置づけをしたのが図表1である。

　本稿では、前2者を中心述べるが、将来的には「ソーシャルエコノミー」と名付けて全体を統合的に考えたい。

図表1　ソーシャルビジネスの範囲

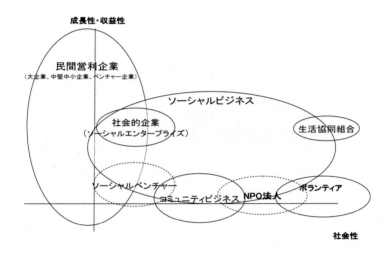

(出所)筆者作成

3) 新しい形でのソーシャルビジネス

ソーシャルビジネスには、今注目されている新しい形のソーシャルビジネスとしての「ユヌス・モデル」も含まれている。

「ユヌス・モデル」の創始者、ムハマド・ユヌスは、ノーベル平和賞を受賞、バングラディッシュでグラミン銀行を創設、マイクロクレジット制度を定着させた人物として知られており、それを土台にして、地域の農業、酪農、漁業、織物業などから環境、エネルギー、教育、IT にわたる広い範囲のソーシャルビジネスを立ち上げ、20 社を超えるグラミンファミリーを形成している人物として有名である。

さらに、多国籍企業のダノン、インテル、オットー、アディダスなどとも連携したダイナミックな事業展開を行っている。我々が普通、頭に浮かべるソーシャルビジネスの範囲をはるかに超えるものである。

「ユヌス・モデル」の特徴は、「事業性」の重視である。社会問題にビジネスの手法を持ち込み、ダイナミックな展開を行おうとの試みである。

これまでソーシャルビジネスというと、どちらかというと、本流である利益追求型企業活動を補足するものという位置づけであった。

しかし今日の事態に直面し、経済・社会の根本的方向を変えることを考えるとすれば、その現実的手がかりとしてこの「ソーシャルビジネス」を改めて本格的に考え直すことが必要となってくるであろう。

126

```
┌─────────────────────────────────────────────┐
│ ユヌスによる定義                               │
│                                               │
│ 一般的な会社では、金銭的な利潤を第1に追求するが、ソー │
│ シャルビジネスの会社では、利他の心を持って金銭よりも社会 │
│ 的な利益を追求する。                           │
│                                               │
└─────────────────────────────────────────────┘
```

図表2

ムハメド・ユヌスの略歴
ユヌスの著作より

1940年　バングラデッシュ・チッタゴン生まれ
　　　　米国ヴァンダービル大学経済学博士
　〈バングラデッシュ、東パキスタンから独立〉
1972年　チッタゴン大学教授（地域開発）
　〈1974年〜75年、大飢饉〉
1983年　グラミン銀行創設
1989年　グラミントラスト設立　（マイクロクレジットサミットの開催）
　〈1998年大洪水〉
2005年　ソーシャルビジネスへの挑戦（グラミンファミリーの形成）
　〈2006年3月ノーベル平和賞受賞〉
2006年　グラミン・ダノン（多国籍ソーシャル・ビジネス）設立

（出所）筆者作成

4) ソーシャルビジネスの経営条件

そのような新しい型のソーシャルビジネスを具体的に考えるにあたっては、経営面で次のような要件が必要である。

(1)社会的起業家の役割

ダイナミックで科学的な役割を果たすためには、リーダーである起業家がバランスのとれた経営感覚を持ち、社会問題についての深い認識を持っていることが、大前提である。

(2)ソーシャルマーケティング

社会的なテーマをビジネスに結びつけるには、とりわけ消費者との共感と消費者の参加を引き寄せる独特のセンスを持っていることが必要である。

(3)ソーシャルイノベーション

難しい社会問題をビジネスに結びつけるには、そのためのコア技術とそれを展開するためのノウハウが必要である。

(4)ソーシャルマネジメント

ソーシャルビジネスを単なる慈善として行うのでなく、それを組織的で持続可能なものとするためのマネジメント技術が必要であり、そのプロでなければならない。

図表3

（出所）筆者作成

5）ソーシャルビジネスの実践

　ソーシャルビジネスという言葉は、日本でも10数年前から使われるようになったが、そもそもボランティア活動から始まったので、ノン・プロフィットというところに重点が置かれている。確かに、ボランティア精神で社会的貢献をしようという活動は貴重なものであるが、社会の構造にまで影響を与えようという仕組みとしては、未熟な要素もある。

　本稿で提起しているのは、社会問題を解決するのにマーケティングやマネジメント等の組織的な仕組みを取り込み、従来とは違うダイナミックな展開を図ろうとするものである。

　そのような成功モデルはまだ事例が少ないので、理論的にも実践的にもこれ

129

からの課題だと思われる。その実現にあたり、足掛かりとして取組み始めたいのは、次のような項目である。

(1) ソーシャルビジネスの成功モデル

ソーシャルビジネスの必要性については、一般的な認知もなされるようになったが、その成功モデルについては、まだ貧弱なものに留まっている。

ボランティア的な比較的小規模な「ソーシャルベンチャー」については2008年に通産省の研究会で、定義として「ソーシャルビジネス55選」が発表され、それが政府の公式見解のようになっているが、それ以降の更新はない。

また、本書で推奨している「ユヌス・モデル」に類するモデルは殆ど姿を見せていない。　エコハ出版でも事例の発見に努めているが、非常に乏しいのが現状である。今後この種の成功モデルを意図的に集めることが求められる。

(2) ソーシャルビジネスの担い手の発掘

社会的問題に関心を持ち、社会的貢献をしたいという若者、女性、高齢者達は増加している。これらの人々に、活躍の場を与え、多様な人材を輩出させるシステムを構築することが必要である。大学等の教育プログラムから始まり、ビジネスモデルのコンテストや優秀なテーマについての実践のための資金提供システムも有効であろう。

(3) ソーシャルビジネスの育成

本稿で提起するのは、「ユヌス・モデル」に見られるように、この活動を組織

的に展開し、マーケティングや技術革新面においても、プロフェッショナルの
レベルを求めるものである。これを実現するには、まだまだ大きなノウハウ蓄
積を必要とするが、方向性とそのインパクトの大きさは、大いに期待されるも
のがある。

（4） 政府・自治体・民間をあげてのソーシャルビジネスの振興

コロナの教訓を活かし、社会的問題の解決を優先する社会を実現するために
は、政府・自治体・民間を合わせた各セクターが、そのための考え方を最優先
する流れを作り出す必要がある。ソーシャルビジネスの発掘と振興に真剣に取
り組むべきである。

企業は売上と利潤を追求するものであるという考え方が浸透しているため、
社会的問題への取組みを優先すべきであるという考え方は、未だ少数派かも知
れないが、その考え方を変えない限り、今後の長期的な見通しは望めないので
はなかろうか。

（5） 市民意識の高揚

それにつけても、求められるのは市民意識の高揚である。現在のような社会
的危機を経て市民の意識も変わりつつある。

高度成長期のような昇進や給料アップ等の将来性が期待出来ない若者、社会
進出を進めてきた女性達も満足のいくポジションが保証されている訳ではな
い。高齢者も早くから定年にはなったものの健康に余力のある人も多い。彼等

は市民活動の重要な担い手として登場し始めている。

　それらを含めて新しい社会の流れが生じつつあることも事実である。まちづくりや地域づくりの中で、新たな兆しが見え始めている。それらの総合的な流れが、ソーシャルビジネスの可能性を高めるのかも知れない。

2　環境問題とソーシャルビジネス

　二酸化炭素による地球温暖化を中心とする環境問題は今や待ったなしの全世界的な問題となっている。これについては国連が中心となって精力的な活動が続けられており、日本も京都議定書以降積極的な役割を果たしてきた。

　しかし、だれが加害者でだれが犠牲者であるかが分かりにくい複雑な社会問題であるため、総論で必要性は分っていても、いざ自分の負担となると逃げだし誰も責任を取らないという問題を抱えていた。ビジネスとしても潜在マーケットとしての可能性は感じつつも、投資期間が長く収益モデルが見えないことから誰もリスクをとろうとしないという問題もあった。

　ところが、ここにきて米国や日本でもこの分野をグリーンビジネスとして持ち上げるようになってきた。ここではソーシャルビジネスの観点からこの問題を取り上げたい。

1）「脱炭素化社会」実現の目標

　コロナの第3波が深刻となり始めた2020年12月に菅内閣総理大臣が2050年までに地球温暖化の主原因となっている二酸化炭素排出量をゼロとするという記者発表をした。

　あまりにも唐突で、充分な議論が尽くされているのか疑問な点もあるが、政

府が脱炭素化の方向に舵を切ったこと自体、画期的なことだと評価できる。

　世界的には 2010 年の京都議定書以来、地球温暖化への危機感が高まり、トランプ前米政権のもとで、一時離脱の動きをとっていた米国が、パリ協定に復帰することになったタイミングのもとで、日本もその覚悟を定めたようにも見える。

　しかし、環境問題に早くから取り組んできたエコハ出版、もしくはその前身の地域活動をしてきた我々からすればそれは本気なのかという疑いもぬぐえない。

　　（注7）　エコハ出版「環境ビジネスの新潮流」　2010 年 6 月

　もう一つ問題なのは、2050 年という長期目標（「長期ビジョン」と呼ぶ）だけではその期間全てに責任を持てる政権は想定出来ず、結局は出来ませんでしたということになりかねないということである。

　そこでプロセスとして 2030 年までにどの程度の目標を掲げるかが、もっと重要である。そのためには、国連が求めているように、それまでは排出炭酸ガスを 50％まで削減する目標の方が、現実的である。現在日本が掲げているのは、2013 年基準で 26％だからハードルは高いが、より切迫した目標として、それぐらいを掲げて初めて本気だと言えよう。

2) 当面の課題

「脱炭素化社会」を目指すにあたって、今すぐに手をつけるべき課題として次のものがある。

(1) 脱ガソリン車

脱炭素化社会実現にとって最も大きな課題は、脱ガソリン車であるが、これが最も大きな壁である。ガソリン車を電動に切り替えることも技術的にはすぐにでも可能である。しかし、その生産システム変更には極めて大きな抵抗が伴う。既存メーカーからすればこれをいかに遅らせるかが、収益に響くので様々な理由をつけて抵抗し、生産数量も抑制する。その結果、数量あたりのコストが高いものとなり、1台あたり100万円以上の高額となる。そうすると普及も進まないというのがこれまでの姿であった。

しかし、国際情勢からしても、そうは言っておれず、中国車やその他の外国勢は一斉にその方向にハンドルを切ってくるであろう。戦略としてはそれをどのように脱却させるかが課題であるが、今はまだ歯切れが悪いのも事実である。（最近の政府発表では、2035年までに新車販売のガソリン車をゼロとするとの方針を打ち出したと報じられている。これがよく根回しされたものであれば高く評価できる）

(2) 自然エネルギー

太陽光、風力、潮力、地熱等の自然エネルギー（マスコミでは再生可能エネ

ルギーという用語を使っているがここでは自然エネルギーという用語を使う）
の転換が主力であるとの考えは、以前から言われてきた。「長期ビジョン」では
新たに「洋上風力発電」が有望であるとされているが、それをも含めて、どの
くらい早く自然エネルギーのウエイトを高められるかが問題である。現在の
26％を50％にどうすれば高められかが問題である。

　それを実現するにあたって重要なのは、政府の固定価格買取り制度である。
これについては2000年時点で、30円/KWHというインセンティブのために太
陽光の利用が進んだが、2020年時点では7円/KWHとなっており、設置者に
とってインセンティブが低くなっているのが実情である。

（注8）この固定価格買取り制度については、今後様々な自然エネルギーについても実施されるで
　　　あろうが、これらは結局電気料金として消費者から徴収されるのであり、一種の税金とも
　　　考えられるものであることを認識しておくべきだと思われる

　もう一つの問題は、これらが既存電力会社の送配電システム経由で行われて
いるため、現実には様々な制約を受けるという点である。いずれにしても、自
然エネルギーを本格的に進めるための制度面での課題に手をつけるかどうか
が試されている。

（3）研究・技術開発

　2050年までに二酸化炭素の排出をゼロにするという目標は、非常に結構だ
が、これには相当の覚悟が必要である。これは産業革命以降の社会を支えてき

た生産様式を覆すものだからである。それを実現するためには、設備投資や研究・技術開発に相当の資金が必要である。

　政府の「長期ビジョン」では、大容量蓄電や水素エネルギーの利用など比較的見えているものもあるが、炭素固定化技術や、原子力発電、溶融炉発電まであげられており、まだ思いつきの段階のものもある。

　ここで特に気になるのは原子力発電である。「長期ビジョン」では原子力発電への依存について、あまり触れられていないが 20%程度は原子力に依存するということが前提となっている。

　しかし、この問題こそが重要で、東日本大震災の福島原発の爆発がどれほどの後遺症を残しており、電力会社の経常基盤を揺るがしているかについての反省は未だない。

　地球温暖化による「社会的危機」を避けるとの目的で、もっと大きな危機をもたらすかも知れない原発に依存するのは、本末転倒であるし、溶融炉の開発を考えるなどは研究開発テーマとしてもあまりにも無神経だと思われる。

（4）財政的負担

　コロナ対策もあり、各国とも財政基盤は極めて悪化しており、その資金をどこから調達してくるつもりであろうか。そこでどうしても「環境税」の導入ということになるのだろうが、それを誰が責任を持って実現できるであろうか。この点で最近話題になっているのがカーボン・プライス（炭素排出量の多い企

業から税をとり改善した企業に還元するという方式）などは評価できるが、い
ざ負担になると、様々な抵抗も予想される。

　コロナ禍で財政的に困窮している中でそれをやり遂げることができるかど
うかが最初の試金石である。もし、そのような財源が確保できない場合、結局
は長期ビジョンも絵にかいた餅となりかねない。

3）　多様な環境ビジネスの展開

　「脱炭素化社会」はそれを宣言すればそれですむものではなく、今後長く続
く道のりを覚悟しておく必要がある。そのためにも、これまで積み上げてきた
市民の粘り強い環境問題についての取組みを着実に進めていくことが求めら
れる。また、環境問題は非常に広範囲にわたるので、公的セクターや大企業だ
けでなく、本稿で取り上げているソーシャルビジネスも大いに活躍してもらう
必要がある。

（1）　小規模分散型システム

　ここで重要なことは、長期の大規模なプロジェクトだけでなく、今すぐ行動
を開始できるような比較的小規模で分散的なシステムであろう。

　地域には、小規模な太陽光、風力、水力、バイオチップ、家畜糞尿など、ま
だ利用されていないエネルギー資源は沢山ある。そのような小規模で分散的な
システムを多くつくり、それを地域毎に自給できる制度をもっと真剣に検討す

べきである。エネルギーの「地産地消」である。

（2） 循環型システム

環境問題を考えるにあたっては、山や川、海、そして農業などとの親和性を重視することがとりわけ重要ある。河川や海は、農業とっても森林を守り育てるためにも重要な意味を持っている。

これまでも農業における循環型農業システム、酪農地帯における糞尿発電システム、農林業の間伐材発電、小型水力発電などの小規模分散型システム等、色々な試みが行われてきたが、それには手間がかかり、効率が悪いという理由から活動が大幅に制約されてきた。

これらは産業的に考えると採算のあうものではないかもしれないがソーシャルビジネスとしては極めて魅力ある資源である。これらをどのようにすれば採算が採れるようになるかも智慧を絞るべき大きなテーマである。

（3） ゴミやプラスチックスの回収とリサイクリングシステム

戦後に進んだ大量生産と大量消費の結果、ゴミやプラスチックスの放置が大きな問題となっている。これは都市の美観を損ね、人々に深刻な健康問題を引きおこしかねない。

環境破壊の原因となっているが、これを回収し、リサイクリングすれば資源ともなる。日本は昔から「もったいない」の精神があるため、この種の活動では比較的先進地域となっておりノウハウもある。

(4) 市民の協力

　市民の省エネルギーやリサイクル活動への参加に関して、その直接的な効果はそれほど大きくないかもしれないが、それが及ぼす間接的な社会的効果は計り知れない。そもそも市民の環境問題への高い関心と後押しがなければ環境問題は前進できないのである。そのためには、子供の時からの環境問題への関心を高めることが重要で、そのための環境教育の重要度は高い。

　このように、環境問題は、政府や民間大企業だけの問題ではなく、一般の中小企業、とりわけ本論で注目しているソーシャルビジネスと、何より市民の高い環境意識があってはじめて前進するものである。

3　農業におけるソーシャルビジネス

1）日本の農業問題

　社会の安定のためには、自然と社会の接点である農林水産業などの第一次産業が大切なことは明白である。しかし、このセクターは生産性が低いため、この分野は輸入に頼った方が効率的だと政策が進められ、結果として農林水産業は衰退してしまった。しかし、食糧自給率が 30 数%というのでは独立国家としての呈をなさないし、世界に何かあった時には最低限の生活も守れない。そこまで言わなくても、地方の主要産業である農林水産業が衰退すると、地方での若者の雇用機会を奪い、地方での過疎化が進行することになる。それが地方でのコミニテイーの崩壊につながっている。

（農業を魅力的な産業にするために）

　今、農業にとって一つの大きな問題は、分業がすすんだ結果、生産と消費が離れてしまい、消費者は生産者を信頼せず、生産者は自分の仕事に誇りをもてなくなってしまったという問題である。

　数十年も前に米国の未来学者アルビン・トフラーが将来「プロシューマー（生産消費者）」が一般化するようになると予言したが、いまこのことを見直そうとの動きが広がっている。最近広がってきた「道の駅」や「朝市」、それに次に紹

介する「山菜王国」も同じ方向での試みである。

　このように生産者と消費者が緊密になれば、農薬や肥料を控えた有機栽培も一般化し、長寿や健康に役立つ農産品の開発にも力が入るであろうし、地域毎の特産品を楽しむ豊かな食生活にも目が向いてこよう。

　そのような全体的な流れが、農業を魅力的なものとし、結果として新しい感覚を持った新しい農業者が生まれてくることが期待される。

２）山菜王国の取組みの経緯

　「山菜王国」は、東京・八王子の市民が地域資源である山菜に注目し、これを新しい農業を考える手掛かりにしようと取り組んでいるもので、農業におけるソーシャルビジネスのモデルとして位置づけられる。

（１）ステージ　１：　エコクラブ

　「山菜王国」は、メンバーの一人である炭焼三太郎氏が、東京・八王子の仲間と共に、2011 年に「NPO 法人日本エコクラブ」をつくったことにはじまる。

　当初は古くからの家業でもあった炭焼の保存と普及の活動として始めたが、活動の拡大をはかるためその後「里山エコトピア」という構想を本にして具体的な展開を始めた。その拠点として「三太郎小屋」も設立された。

図表4　三太郎小屋のイメージ

（出所）炭焼三太郎

（2）ステージ　2：　山菜王国プロジェクト

　2015 年頃より「山菜王国プロジェクト」が始まっ
た。当初は「三太郎小屋」の周辺にある山菜を採っ
てきて、仲間でパーティをするというものであった
が、これを地域資源として活用してはどうかという
案がでて、これを産業とて位置づけようという書物
を刊行することになった。

　これには当初から、東京家政大学の中村信也名誉
教授、元公立はこだて未来大学教授である筆者（鈴木）なども加わり、「山菜王
国」が著された。

ここで山菜を産業としてとらえるには、生産者と消費者が連携することが必要で、これを「プロシューマー」と位置づけ、それを実践することになった。「山菜王国」に本格的に取り組むには次の3つの条件を整えることが必要であることが確認された。

① 　生産者としては、東京・八王子の他、東京・丹波山、岩手・盛岡、青森・鯵ヶ沢、北海道・函館などと連携して、商品調達をする。

② 　消費者を組織化する目的を持って、東京や鎌倉で山菜愛好会という研究会をつくり、山菜検定の仕組みをつくる。

③ 　生産と消費を結ぶための物流や販売機能が全体としてうまくいくように工夫する。

図表5

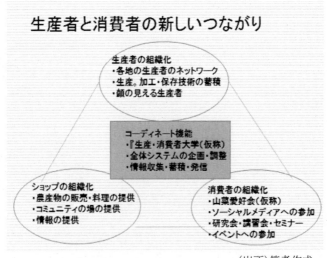

（出所）筆者作成

(3) ステージ 3: 山菜ガーデン

2020 年、3000 坪の山林を譲渡してもよいという話が入り、ここを「山菜ガーデン」という山菜王国の拠点として整備することになった。

① シンボルとしての山は「祈りの山（堂山）」と名が付けられた。この地域は、歴史的にも平将門とゆかりのある地である。コロナ危機の中で企画されたこともあるので、この危機が一時も早く収まるようにとの祈りも込め「祈りの山」としたのである。

② 頂上までの小径は「山菜の小径」と名づけ、四季を感じられるように花木としては、幸運の木であるオガタマをはじめとし、山桜、コスモス、椿などが植えられている。

③ 山菜としては実験的に明日葉、韃靼そば、ふきのとう、赤紫蘇など 80 種の山菜が植えられている。

図表 6 「祈りの山（堂山）のイメージ

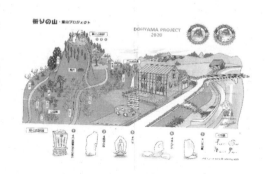

(出所)炭焼三太郎

３）山菜王国のアクティビティ

山菜王国は東京・八王子を拠点としながら全国を目指した活動を続けている。

①　山菜パーティ

毎年、春と秋に東京・八王子で、地元の人も招いて山菜パーティを開催している。

②　山菜愛好会の開催

山菜を愛好する人を増やし、仲間の交流を図るため、鎌倉、八王子、東京などで月１回程度の交流会を開いている。（山菜検定や料理研究会と兼ねる場合もある）

②　山菜ツアーの企画

全国各地の山菜生産者や各地の山菜愛好家と交流し、将来は山菜ネットワークを構築するため、機会をつくって各地を訪問している。

③　山菜検定

山菜の知識を持つ人を増やすために「山菜検定制度」を導入している。

④　山菜料理研究会

薬膳を含めて山菜を手軽に楽しめるようにするため、山菜料理のレシピを開発したり、それらを食することができる仕組みをつくろうとしている。

4）これからの課題

 山菜王国のこれからの課題は次のとおりである。

（1）　山菜王国モデルの構築

　　山菜の生産者・消費者・流通業者の 3 者の全体を整合性をもって継続的に
　　動かしていくためのモデルを構築する。

（2）「山菜ガーデン」のレベルアップ

　　山菜ガーデンにミュージアム（博物館）機能を持たせ魅力あるものする。移
　　動やイベント開催ためキッチンカーの導入も検討する。

（3）　商品ラインの拡充山菜

　　継続的な事業とするため、商品ラインを拡充する。メニューには広い意味
　　での山菜である薬用植物（薬草）も加えることによって付加価値を高める。
　　山菜に関する資料を収集し、絶えず新鮮な情報を発信するとともに、各地
　　の仲間のネットワークを拡充する拠点の機能を発揮する。新たな商品ライ
　　ンやレシピの開発に努力する。

（4）　山菜ネットワークの構築

　　 全国各地で山菜に関連して活動している人に呼びかけ、交流をはかる。将
　　来そのサミットが開催できるようにする。

図表7　山菜王国もこれからの課題

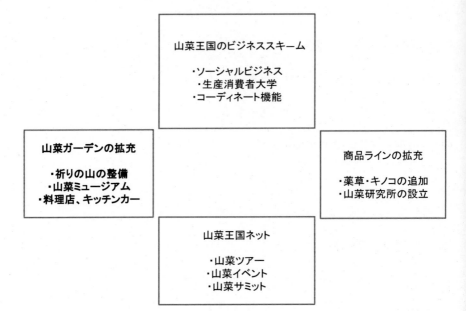

山菜王国のビジネススキーム

・ソーシャルビジネス
・生産消費者大学
・コーディネート機能

山菜ガーデンの拡充

・祈りの山の整備
・山菜ミュージアム
・料理店、キッチンカー

商品ラインの拡充

・薬草・キノコの追加
・山菜研究所の設立

山菜王国ネット

・山菜ツアー
・山菜イベント
・山菜サミット

(出所)筆者作成

　以上のような考え方の基に、「山菜王国」をソーシャルビジネスのモデルとして位置づけ今後発展をさせていくには、まず山菜王国のポータルサイトと山菜普及のガイドブックが必要だと感じられたので、その準備を急ぎこのほどそれを完成させた。

4　観光の振興とソーシャルビジネス

1）地方都市にとっての観光の重要性

　日本にとって観光マーケットは巨大であり、他産業への波及効果という面か

らも極めて重要な産業である。また、日本の文化や生活を世界の多くの人々に

知ってもらうという点からもその意味は大きい。特に、地方都市にとっては産

業の中心ともいえる存在である。

　ところが、今回のコロナ禍に伴う非常事態宣言、行動の自主規制によって大

打撃を受けていることは周知の通りである。

　観光産業は独立した分野であるが、社会的には多様な構成要素で成り立って

いる。中小企業が多く、消費者がかかわる度合いの大きな分野なのでここでは

あえてソーシャルビジネスとの関係でとらえておきたい。

（注9）エコハ出版では観光産業を地域復興の柱の一つとしてとらえてきたので、とりわけ

　　　　この分野のこれからが気になっている。エコハ出版「観光マーケティングの理論と

　　　　実践」2011 年 2 月

2）観光の量から質へ

　世界から人を呼ぶということは、日本にとって極めて大きな意義を有してい

る。実際、2019 年の外国人訪日客は 2000 万人を超え、2020 年にはオリンピッ

ク・パラリンピック効果も期待して3000万人への期待も高まっていた。

　ところが、今回のコロナ禍で舞台は暗転した。ワクチンの効果もあり、いずれは回復することを期待したいが、元通りに回復するには時間がかることも覚悟しておく必要がある。

　そうしたことを考えると、観光のあり方も「量の時代から質の時代」に転換していかざるを得ないであろう。

　知らないところへ出来るだけ多く出かけ、短期間で、効率よく観光をしようというのではなく、一カ所をじっくり味わう、自分が独自に選んだところをゆっくり観光するとなど、多様な観光パターンが出現してくるであろう。そのようになれば、今までのように、ある時期やある地区に集中的に人が押し寄せるという「オーバーツーリズム」という現象もなくなるであろう。

　しかし、そのような状況に対応するためには、受け入れ側も情報面でもっと十分な準備をしておく必要がある。

3）テーマ性観光

　そのようなことも考えて、エコハ出帆では　テーマ性観光についていろいろ考えたことがある。函館では、この地が幕末・明治の開港の拠点であったことをテーマにして、動画の作成やイベントの開催によって従来とは異なる観光誘致をしたことがある。また、伊豆大島ではこの地が椿の拠点であることをテー

マにした「椿王国」の書籍づくりとアンコ文化のキャンペーンを企画した。さらに、鎌倉では、鎌倉時代の武家社会を掘り下げようとの試みもある。

このように、あるテーマを掘り下げて研究し、それを書籍やガイドブックにまとめ、それを映像作成やイベント開催と結びつけていこうというのが私たちの役割である。ここではその例として、「縄文の見せ方」の事例を紹介しておきたい。

（縄文の文化をテーマに）

北海道と北東北に点在する縄文遺跡群を世界文化遺産にしようという動きがある。この運動は 2002 年にはじまったもので、北海道と青森・秋田・岩手の四道県による知事サミットで「北の縄文文化回廊づくり構想」が提唱された。これを受けた形で文化庁は 2009 年、「北海道・北東北の縄文遺跡群」を世界遺産暫定リストに記載した。もし、世界遺産への登録が実現すれば、一万年も続いた縄文時代にこの地域が共通の文化圏を形成してきたということの証となるからである。

（注）2021 年 7 月に、北海道・北東北縄文遺跡群を世界遺産に登録することが正式に決定された。

それだけではなく、この縄文文化が日本文化の源流でもあり、自然との共生、平等と平和な社会、土器や土偶に見られる高い技術力や芸術性、深い精神性など、いま世界が求めている新しい価値観につながるものだからである。

図表8　世界遺産登録への候補先

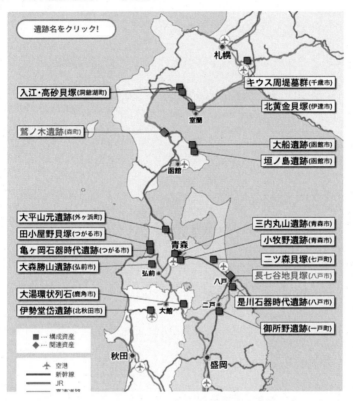

遺跡名をクリック！

入江・高砂貝塚(洞爺湖町)
鷲ノ木遺跡(森町)
大平山元遺跡(外ヶ浜町)
田小屋野貝塚(つがる市)
亀ヶ岡石器時代遺跡(つがる市)
大森勝山遺跡(弘前市)
大湯環状列石(鹿角市)
伊勢堂岱遺跡(北秋田市)

キウス周堤墓群(千歳市)
北黄金貝塚(伊達市)
大船遺跡(函館市)
垣ノ島遺跡(函館市)
三内丸山遺跡(青森市)
小牧野遺跡(青森市)
二ツ森貝塚(七戸町)
長七谷地貝塚(八戸市)
是川石器時代遺跡(八戸市)
御所野遺跡(一戸町)

札幌
室蘭
函館
青森
弘前
八戸
大館
二戸
秋田
盛岡

■ … 構成資産
◆ … 関連資産

✈ 空港
新幹線
JR

北海道	①垣ノ島遺跡（函館市）②大船遺跡（函館市）③北黄金貝塚（伊達市）④入江・高砂貝塚（洞爺湖町）⑤キウス周堤墓群（千歳市）
青森県	⑥三内丸山遺跡（青森市）⑦小牧野遺跡（青森市）⑧是川石器時代遺跡（八戸市）⑨亀ヶ岡石器時代遺跡（つがる市）⑩田小屋野貝塚（つがる市）　⑪大森勝山遺跡（弘前市）⑫二ツ森貝塚（七戸町）⑬大平山元遺跡（外ヶ浜町）
岩手県	⑭御所野遺跡（一戸町）
秋田県	⑮大湯環状列石（鹿角市）⑯伊勢堂岱遺跡（北秋田市）

（出所）「北海道・北東北の縄文遺跡群」ホームページ

4）縄文の見せ方

　この縄文文化を、日ごろはあまり関心のない多くの人たちや外国人に関心を持ってみてもらい、その深い意味を理解してもらうのは容易なことではない。そのためには今から準備を始めておく必要がある。

（1）観光の広域連携

　縄文遺跡は広域にわたっているので、その全体像を理解するためには各地でバラバラな情報発信をするのではなく連携した発信をすることが求められる。幸いなことに、この地域では申請時点から連携した行動がとられているので、この連携を強化し様々な活動につなげていくことが求められる。

（2）縄文についての研究の集積

　縄文についての研究には長い歴史もあるが、一般の人たちに分かりやすく興味を持たれそうにつくられているものは比較的少ない。エコハ出版では2018年9月に土谷精作著の『縄文の世界はおもしろい』を発行したが、これからも一般の人たちが興味をもちそうなコンテンツを発信していきたいと思っている。

（3）エコミュージアムの提唱

　縄文文化の内容を人々に見せる場としては、これまで博物館が中心であった。今後もそれは代わらないが、その新しい見せ方として「エコミュージアム」の考え方を取り入れるのが面白いのではないかと提言している。

これは 1960 年代に、フランス人のアンリ・リヴィエール（初代博物館協会長）によって提唱されたもので、博物館を屋内にではなく野外を中心にしようというものである。施設はテリトリーとその中心のコアを核とし、その周りには関連施設としてサテライトがあり、それを繋ぐ「発見の小径」を配するものである。これを全体として魅力的でものとして提示しようというものである。

テリトリー（境界領域）:

　歴史や文化、植生などから見て、際立った特性を持つ空間領域。この空間領域の広場の中に多くの人達が行ってみたい、体験してみたいと思うような複数の地域体験場を持つことが条件である。

コア（中核博物館）: 地域全体の歴史や文化遺産の情報提示機能や研究・学習機能持つ博物館である。来訪者はコアを訪れるだけで、この地域全体の歴史・文化を把握でき、そこを起点として行動を起こすための情報収集や学習ができる。そのためには継続的に調査研究を行い、それに基づく最新の情報を提供する必要がある。

サテライト（衛星博物館）: 地域の歴史遺産や文化・産業・自然の現場体験壌である。コアで研究・学習した内容が現地の環境・雰囲気、人とのかかわりあいの中で、内的な知識として昇華し、それにより友好的な結果に結び付ける。

（４）交通ネットワークの整備

　遺跡は都市の中心地から離れたところにあるので、その交通のアクセスには特に配慮する必要がある。将来のことを考えれば電動の自動運転車ぐらいを考えてもよいと思われる。

（５）回遊の工夫

　縄文の文化に興味を持った人は、1 カ所だけでなく他の遺跡もめぐりたくなる。そういう人にためにスタンプラリーなどの仕組みも工夫するとよいと思われる。また訪れた人を対象にした温泉などの宿泊施設や土産物店等の準備もしておくことが必要である。

　今回大きな打撃を受けた地方の観光を急いで復興するには補助金や振興券の発行が手っ取り早いとする考えは、分からないではないが、もっと長期を見据えた戦略的な取り組みが求められているということを強調しておきたい。

コロナが加速させるニュースメディア革命

—ジャーナリズムの発展のために新聞資産を生かす発想とは—

校條 諭

　インターネット登場後、新聞をはじめとするニュースメディアは、コロナ禍発生以前から、すでに大きな変化の波に洗われていた。予期せぬコロナ禍が襲ってきたことで、その変化はさらに加速することとなった。

　特に、新聞の受けた打撃は大きく、経営危機が差し迫っている社もあるほどである。しかし、インターネット登場後の変化はニュースメディア革命と呼んでもおかしくないが、メディアの歴史を振り返って見ると、メディアの革新は、旧メディアが突然ゼロになって新メディアに完全に置き換わる形では進まない。そういう意味で、旧メディアの新聞を、ニュースメディア革命の中でどう生かすかという考え方も決して無駄ではない。これからのニュースメディアが果たすべきジャーナリズム機能は、たとえば新聞が果たしてきた「取材力」のような無形資産を、批判的な検証を前提としつつも、継承・発展させる意義があると考える。

　このような問題意識に立って、以下述べてみたい。

1 コロナ禍で再認識　新聞とは広告メディアである

　新聞は、コロナ以前から年々発行部数を減らしてきた。特に顕著になったのは 2008 年の**スマートフォン（スマホ）**の登場以後である。そのような潮流の中でコロナ禍が襲った。

　コロナが露わにしたことのひとつは、**新聞とは広告メディア**であるという事実である。

　2020 年 4 月に政府から出された緊急事態宣言のもと、紙の新聞はみるみる薄くなった。通常 30 ページ前後だった全国紙も 24 ページがあたりまえになり、20 ページの日まであった。もちろん記者をはじめとする新聞製作の現場が出勤を控えざるをえなかったり、スポーツ試合などの中止で記事ネタが減ったという要因もある。しかし、おもには広告が減ったからである。**折り込みチラシ**も激減した。

　高度成長下の 1975 年、新聞業界は広告売り上げをテレビに抜かれて王座の地位を譲ったものの、新聞広告はテレビと棲み分けて成長を続け、それに伴ってページ数も増えていった。当時の新聞記者が「自分たちは広告の裏に記事を書いている」と自嘲気味に語ったとまことしやかに言われた。独立の編集権のもと、ジャーナリズムを担っていると自負している記者から見れば、不快な冗談だったかもしれないが、案外本質を衝いていた。

突飛に聞こえるかもしれないが、ニュースは**ウイルス**と似た性格を持つ。ウイルスは、単独では生きにくい。特に戦後、大量生産・大量販売の市場経済の発達と軌を一にして、ニュースは、新聞や民放テレビという**広告メディアを宿主として**生息してきた。例外として、視聴料を徴収できる公共放送 NHK という宿主があった。

2　無料ニュースメディアがネットで主役に

　新聞社のつくるニュース（記事）の立場で考えると、紙面というフォーマットを持った紙の広告メディアが宿主だったのが、近年、大半の記事をネットで無料で配信するニュースメディアが有力な宿主となりつつある。**Yahoo!ニュース**や**スマートニュース**はその代表例である。新聞社自身のウェブサイト（電子版ないしデジタル版）もあるものの、アクセス数は無料ニュースメディアにはるかに及ばない。

　ニュースが広告メディア向きであるのは、常に新規性があり更新が頻繁で、**アクセス数**（代表的指標は**ページビュー**）をかせげるからである。つまり、ニュースは、日々大量のアクセスを呼び込む"**ネタ**"である。それらのニュースメディアのニュースを、読者は主としてスマホを通じて無料で見る。

　美術館・博物館には、作品を選んで展示する役割の学芸員がいて、**キュレーター**とも呼ばれるが、Yahoo!ニュースやスマートニュースなどは同様の意味で、

「キュレーションメディア」と呼べる。新聞社をはじめ、通信社や出版社などさまざまなメディアからニュースの配信を受けて、美術館の作品のようにニュースを選んで、自社のサイトに"展示"しているからである。

情報を集約するという意味で**アグリゲーター**と言うこともある。また、多くの配信元からニュースを集めて読者に引き合わせる機能に着目して**プラットフォーム**という位置づけで言うことも多い。しかし、利用する立場から見れば、読者から購読料を取らないキュレーション型の広告メディアというのが基本性格である。

3 新聞王国を導いた高級紙・大衆紙折衷と個別配達

日本の新聞は成功しすぎた。その源流は明治にある。1871年1月（旧暦明治3年12月）、日本での活版印刷による近代的な日刊新聞がはじめて発刊された。貿易にかかわる海外情報や物価情報を載せると宣言した**横浜毎日新聞**（今の毎日新聞とは無関係）である。その後、新聞は、「**大新聞**（おおしんぶん、欧米風に言えば高級紙）」と「**小新聞**（こしんぶん、大衆紙）」に明確に分かれて次々に創刊された。横浜毎日は大新聞の一角を占めた。

ところが、明治中期以降になると、大新聞・小新聞を**折衷**した"抱き合わせ"型の新聞が成長するようになった。大新聞として出発した毎日新聞、小新聞として始まった朝日新聞が、二大紙として発行部数で他を引き離すようになった

のである。多数あった大新聞の多くは、経済的自立をなおざりにして政治的主張に偏して次第に衰退していった。

　読売新聞が朝日、毎日に並び、やがて追い越していくのは戦後になってからである。朝毎読（ちょうまいよみ）三大紙を筆頭にした新聞は、市場経済の発展のもと、世界でも有数の発行部数と普及率を達成し、強力な広告メディアとしての地位を築いていった。このような、**世界に冠たる新聞王国の実現という**“できすぎた成功”が、皮肉なことに今日の新聞の苦境のもとになっている。

　長らく、新聞社のアウトプットの中心は、記事と広告を割り付けた**「紙面」**だった。それを各世帯（家庭）に販売店を通じて、折り込み宣伝チラシとともに届けてきた。この**個別配達（宅配）**という強固な流通のしくみを作り上げたことが前述の巨大部数の新聞王国を導いた。こうして**「一家に一紙」**は一般的な慣習となった。多くの家庭では、必要な情報があるから新聞をとってきたわけではなく、新聞というものはとることになっているからとってきたのである。一家に一紙の「折衷抱き合わせ新聞」は、**家庭内共同利用メディア**としての役割を担っていた。

　実は、読者の**新聞離れ**はインターネットの登場以前から進んでいた。新聞を読んでいる個人（平日に15分以上読む人）は、1975年50%、1990年46%と、インターネット以前でもせいぜい半数だったのだ（NHKによる国民生活時間調査）。中には、「テレビ欄しか見ない」という人もいた。

このような実態にもかかわらず、一家に一紙の慣習は崩れず、部数は減少しなかったのである。いわば、知らぬ間にシロアリが食っていたようなものだ。言い換えれば、2000年代初頭まで続いた巨大部数というのは、いわばバブルだったのであり、部数減の続く今はある意味で"正常化"の道を歩んでいるとも言える。つまり、現在の部数減は、"成功しすぎた"新聞社にとって経営的には大問題だが、新聞というメディアの死を意味すると取るのは早い。

4 デジタル化で新聞は分解　PC、スマホで個人化

インターネットの登場で、無料ニュースメディアが断トツのアクセスを得るようになった要因は、「デジタル化」と「端末・メディアの個人化」である。

第1に**デジタル化**である。デジタル化は従来のサービスの機能を分解して、新たなサービスの登場をもたらす。アナログレコードがCDに変わり、さらにストリーミングサービスを生み出した。CDへの移行は単なるデジタル化だが、ストリーミングサービスの創出は、「**デジタルトランスフォーメーション（DX）**」と呼ばれる不連続で革新的なデジタル化である。

デジタル化により「新聞というメディア」は分解され、「紙」がニュースの唯一のアウトプットではなくなり、新聞社自身の「デジタル版（電子版）での発信」はもちろんのこと、ネットのニュースメディアに向けて、個々の**記事単位**で「**配信（バラ売り）**」されるようにもなった。別の言い方をすると、その気に

なればニュースメディアという名の**広告メディアがいくらでも作れる**ように
なったのである。その"トップバッター"が Yahoo!ニュースだったというわけ
だ。こうして、Yahoo!ニュース、スマートニュース、LINE ニュース、グノシー
など、新聞社などの既成のメディアから配信を受ける新旧たくさんのキュレー
ション型のニュースメディアが登場したのである。

　第2には、**端末とメディアの個人化**である。

　インターネット、特にアメリカで **iPhone** が登場した翌年の 2008 年、日本で
iPhone を筆頭にスマートフォン（スマホ）が普及し始めたことはニュースメ
ディアにとって非常に大きな出来事だった。ニュースは、個々人が持つスマホ
を通じて無料で読める。**「端末の個人化」**であり、**「メディアの個人化」**である。
片時も離さないスマホで読まれているニュース記事の大半は、かつての「小新
聞（こしんぶん）」に相当する速報的なストレートニュースや、興味をひきやす
い軽い話題である。その結果、「大新聞（おおしんぶん）」部分を特に必要とし
ない大多数の読者にとっては、値段の高い家庭内共同利用メディアとしての新
聞は不要になってしまった。

　しかも、明治の小新聞の時代と違って、ネットでは誰でも発信することがで
きるので、見たニュースをツイッターなどの SNS で引用したりシェアしたり
することも簡単にできる。こうして、**個人が発信する際のネタ**としてニュース
が伝わるケースも、たいへん多くなっている。

　このように新聞社の発信だろうが、個人の発信だろうが、すべて**フラットに横並び**になってしまうのがネット世界である。その場合、記事の元の出所が新聞なのか、ほかのメディアなのか、新聞の場合に何新聞なのかということを気にする人は少ない。つまり、キュレーションメディアでニュースを読む読者に対しては、新聞の**ブランド価値**を醸成しにくい。

　もちろん、新聞社がキュレーションメディアに配信することは、配信料収入が見込めるし、リンクにより自社の有料デジタル版に読者を誘導することも期待できる。しかし、配信料は買い手市場のもとできわめて少額であり、新聞社が**ヤフーなどの下請け**になっていると言えるだろう。誘導によって有料契約に移行する率も低率と言われている。どんどん有料契約が増えているのなら、

とっくに、朝日新聞デジタルや毎日新聞デジタルは契約数を公表しているだろう。公表しているのは、キュレーションメディアへの配信を行っていない日経電子版だけである。（2020 年 6 月末約 76 万契約）

5 ニュースはエンターテインメント　専門情報は専門メディアに流出

　ニュースの大半は、読者（視聴者）にとって、自分に直接かかわらないことであれば、たいくつしのぎ、あるいは**エンターテインメント**の側面を持つ。社会で起きる人間くさいできごとに興味をひかれるのは自然だし、ニュースはおもしろいのである。もちろん、何かの行動を選択するための情報（**意思決定の支援情報**）というものもあるし、新聞社がデジタル版で金を取ろうとするのなら、そのような、読者が「**必要とする**」情報を提供しなくてはダメだという論がある。

　しかし、たとえば株価情報を見てみよう。今でも小さな字で一覧が新聞に載っているが、**証券会社のスマホアプリ**で見れば、リアルタイムで株価がわかり、場合によってはそのまま注文だってできる。証券会社のアプリは、株価というコンテンツを見せているが、同時に株式の**自販機**でもあり、コンテンツを超えた価値を提供していると言える。そのほか、求人情報、住宅情報、映画・音楽ライブ情報などを思い浮かべれば、いずれも新聞から専門メディアに流出

した情報だということがわかる。しかも、それらはインターネット以前から起きている現象なのだ。

　そもそも、ここで注意すべきなのは、「必要」という言葉の背景には、経済学が前提にしているような「主体的に情報を選び判断する**強い個人**」が想定されていることである。個人ないし消費者は、自分にとって得意な分野以外では、なかなかそのような主体的意思を持ち得ない。

　無料ニュースをひとたび味わった人々は、ニュースコンテンツにはおいそれと金を出さないと覚悟した方がいいだろう。紙の新聞の宅配の場合は、家庭内で、いわば特権的な地位のメディアだったのだが、スマホやパソコンの上では、無料ニュースメディアを含むあらゆるサイトないしメディアが横並びとなって、新聞はメディアとしての特権的な位置をまったく失っている。新聞の部数減は、記事の品質というよりも、特権的な流通チャネルを失いつつあることやデジタル化と個人メディア化で無料キュレーションメディアの"下請け"になっているという構造的背景からきている。

6　取材力を生かして光る記事を

　たいていのメディアは、そのメディアならではの「強み」を持っている。では、新聞ないし新聞社ならではの強みとは何か。それは、ジャーナリズムの担い手としての「**取材力**」ではないか？コロナによって加速しているニュースメ

ディア革命ののちまで守るべきことは何か。それは、明確な問題意識に基づく取材によって実現するジャーナリズムではないか。たとえ映像やバーチャルリアリティをはじめとする技術がいかに進もうとも、そのことの重要性は変わらないだろう。

　従来、新聞社は、新聞紙面という有力な広告メディアを有してきたが、同時に広告とは明確に一線を画して、読者から信頼される記事を取材力によって生産（記事製作）してきた。取材力とは、その担い手の記者の能力のことであり、また記者を支える組織の力（デスクなどの体制、記者クラブや内外の支局などのアクセス拠点）である。キュレーション型広告メディアやあまたあるオピニオンメディアは、このような取材力ないし取材体制を持っていない。新聞の強みであり、新聞が蓄積してきた資源なのに、実は、新聞社はそのことを読者に伝え得ていないのではないか。

　取材力発揮の典型が、長期間をかけて多面的に取材する「**調査報道**」である。たとえば、近年、**新聞協会賞**を受賞した秋田魁新報の「イージス・アショア配備問題を巡る報道」や朝日新聞の「財務省による公文書改ざんをめぐる調査報道」、協会賞最多受賞の記録を更新している毎日新聞の「旧優生保護法を問うキャンペーン報道」や「外国籍の子供の未就学問題の報道（にほんに生きる）」はその一例である。協会賞は逃したが、読売新聞の、外国人との共生を願う「外国人労働者問題をめぐるキャンペーン」も最近の例である。

これらに共通するのは、**社会性・公共性**あるテーマであり、手間暇かけた調査報道の成果であるという特徴である。しかも、これらは経済紙が取り上げやすいテーマではなく、一般紙だからこそ取り組まれたテーマだとも言えるだろう。

　しかし、このような手間暇かかる報道は、**経済的裏付け**がなければ手掛けられるものではない。先にも述べたように、キュレーション型広告メディアに向けたニュースの配信元（新聞社など）から見れば、いわば買い手市場なので価格交渉力が弱く、配信料収入でニュース製作（取材および記事製作等）のコストをカバーするのは無理である。掲載された記事の分の配信料をもらっても、取材・製作している膨大な記事のコストまではカバーできない。

　では、広告メディアとしてではなく、**ニューヨーク・タイムズ**のようにデジタル版の購読料（サブスクリプション）でがんばるか。確かに、ニューヨーク・タイムズ（NYT）の有料デジタル版は快進撃を続けており、2020年12月には、購読者数は500万を超えたとのことである。購読料が比較的安い（米国で月額17ドル）上に、反トランプ路線とコロナ禍が追い風になり、前期に比べて50万弱上乗せした。（有料デジタルサービスのクッキングとクロスワードのみの利用者を除く。）

　しかし、**有料デジタル**路線が成り立つのは、**経済紙**のみであって**一般紙**の場合は成り立たないという主張があり、ニューヨーク・タイムズは例外であると

も言われる。確かに、日経電子版やウォールストリート・ジャーナル（WSJ）、フィナンシャル・タイムズ（FT）といった経済メディアは成功例の代表格である。しかし、前記のような経済記事という性格ではない社会的・公共的なテーマがきちんと取材・報道されていくためには一般紙のデジタル路線が経済的に成り立つことが必要である。そのためには、自前の有料デジタルサイトの収入を十分確保することが至上命題だろう。

なお、経済紙の日経が、経済的な意思決定に直結するような記事ばかり載せているかといえば、そんなことはない。たとえば、新聞協会賞を受賞した連載「データの世紀」など、一般紙が取り組んでもまったく不思議はないテーマである。「経済紙」という"看板"は有料課金のために有利であるのは確かだが、中身はそう単純ではないのである。

7 落ち着いた情報生活を　筋と構造を読む

最近、「コタツ記事」という言葉を知った。取材に出ず、コタツにもぐったまま、ネットであちこち検索して、つぎはぎにして記事に仕立てることだ。手間暇かけて取材した記事かどうかではなく、読んでおもしろいかどうかがページビューをかせぎ広告収入につながる。**取材するメディアとしないメディア、事実報道とオピニオン・・・読者にとってそれらを見分けることは必ずしも容易**ではない。それが悪いと言ってもはじまらない。「取材するメディア」として、

読んでもらう工夫を最大限追求するのが課題だ。

　今、人々は過剰とも言える**膨大な情報**に取り巻かれている。YouTube やインスタグラムやネットフリックスにも時間を取られるし、ニュースに限っても、テレビもあれば、スマホのニュースアプリのほか、ABEMA のようなネットテレビのサイトもある。

　必要なのは、むしろ消費する**情報を減らす**ことである。

　日頃見聞きするニュースの大部分は、いわば**途中経過**であって、事実認識としては浅く不完全である。スマホの画面上を浮かんでは消えていく、そのような大量の断片的なニュースのシャワーを浴びていても、往々にして何が筋なのかわからない。社会に関心を持つ人々にとっては、むしろ情報を減らしたいというニーズがある。

　新聞の勝負は、紙面であれ、自社サイトであれ、バラバラと脈略なくニュースを速報することではなく、かといって、明治の大新聞（おおしんぶん）のように大上段に論説を振りかざすことでもないだろう。個人名を出して、明確な**問題意識**を持って徹底的に**取材**をしたり**データ分析**をしたりして、事実を立体的・複眼的にとらえて、問題を**整理・深掘り**すること（座標軸に位置づけるなど）ではなかろうか。

　そこで思い浮かぶのは、速報主義に立たないで解説や分析を重視した「**スローニュース**」ないし「**スロージャーナリズム**」という動きである。オランダ

で始まった「**コレスポンデント**」というネットメディアはその代表例である。奥村信幸氏（武蔵大学社会学部教授）はその特徴を次のように示している。①ニュース速報競争と距離をおき、代わりに原因の分析や解説を重視したニュースをつくる。②ユーザーとソーシャルメディアなどで対話しながら、ニュースの切り口や取材先を柔軟に決めていく。③広告を取らず、ユーザーの購読料だけでメディアを運営する。(出所)現代ビジネス　奥村信幸「速報も広告もやらない"新メディア"のジャーナリズム哲学を読み解く」

　日本では、最近（2021年2月）、スローニュース社の瀬尾傑氏が中心になって、質の高いノンフィクションや調査報道が読める「**SlowNews**」というネットメディアが創刊された。月額1500円という有料メディアである。ここでは、ノンフィクションも調査報道もともにジャーナリズムとして扱われている。

8　読者と直接つながる

1）記者の顔が見える

◇個人署名

　1995年に十勝毎日新聞が、論説や解説以外の一般記事にも**個人署名**を入れはじめた。その後、全国紙では毎日新聞が先んじて個人署名を多用するようになった。その後朝日新聞が続き、読売新聞も控えめだが以前よりは増やしてきている。事実報道とはいっても、単なる客観的事実というものはない。事実と

は記者が認識した事実であり、一見単純な事件・事故であっても、どの角度からどの部分を報じるかは記者の主体的な判断によっている。

ニューヨーク・タイムズなどは、記者の署名を記事の最初に掲げて、長い深掘り記事をのびのびと書かせている。そのようなタレントを抱えるタレントプロダクションとして、応援者・ファン心情を醸成する価値を読者に実感させている。

◇記者ページ

毎日新聞デジタルは、2021年2月のリニューアル時から、「トップ」の大項目の中に「筆者」という項目を設けた。ここには、個々の記者の顔写真とプロフィール、それに、これまでに書いてきた記事がリンク付きで紹介されている。このような**記者ページ**ができたことは画期的である。たとえば、藤原章生記者が書いているから毎日新聞を読むという読者が確実にいるだろう。

記者個人が、タレント（才ある人）として前面に出て活躍し、組織がそれを支えるという一種の「**タレントプロダクション**」という路線を明確にしていくことがひとつの道だと思う。そして、個々の記者を囲む応援団（サポーター）ないしファンとの関係づくりが進み、記者と読者が交流するコミュニティが形成されていくことを期待する。

◇記者登壇イベント

記者の顔が見える取り組みとしては、**オンラインのライブイベント**も上げら

れる。毎日新聞では、従来から会場で記者が登壇する記者報告会を開催してきたが、デジタル毎日（現毎日新聞デジタル）の読者向けのイベントを 2020 年から開始した。当初会場でのイベントから始まったが、コロナ禍によりオンラインに移行した。その料金は毎回違っていて、最高 2600 円を取る回があったが、最新の回では 1000 円だった。テーマは、「トランプ後の世界と日本」、「SNS なぜ正義が暴力に変わるのか」、「外国からきた若者たちは日本でどう生きるのか？」などだった。

朝日新聞デジタルも同様のイベント「記者サロン」を 2020 年から始めたが、こちらは無料としている。バイデン新政権、選択的夫婦別姓、新型コロナ感染症、子供とオンライン、労働組合などをテーマに毎月のように開催してきている。

オンラインイベントはコロナ禍のためにやむなく始めた面があるが、どこに住んでいる人でも参加できるというメリットはたいへん大きい。記者が読者の目の前という近い距離感で肉声を発する機会を確実に拡大した。

◇Podcast

コロナ禍のもと、在宅時間が長くなったことも背景となって、本の朗読やラジオの聴き逃し番組をスマホなどで簡単に聞ける**音声サービス**が盛んになっており、ニュース報道の分野でも広がっている。2005 年頃第 1 次ブームがあった **Podcast** が再度普及する兆しもある。テキストや動画と違って、音声であれ

ばほかのことをしながら聞くことができるメリットがある。

　ニューヨーク・タイムズは、連日いくつかの Podcast を流している。中でも人気なのは **THE DAYLY** である。毎日違う記者が登場して、20 分ないし 30 分担当のテーマについて語る。日本では、**朝日新聞**が Podcast を始めた。神田大介記者がホスト役で、テーマに沿って担当の記者が参加して解説する。

2）読者とつながりを深める

　西日本新聞が 2018 年 1 月から始めた「**あなたの特命取材班（あな特）**」は、無料通信アプリＬＩＮＥで読者とのつながりをつくり、困りごとや知りたいことなどのリクエストを募って取材、報道する。フォロワーは 1 万 6 千人を超えている。

　2018 年 4 月にＮＨＫが「クローズアップ現代＋」で報道した「かんぽ不正販売」の問題がある。8 月に（あな特）宛てに一郵便局員から、「かもめーる」を自腹で大量に購入している局員がいるというメールが届いた。それをもとにした記事掲載後、高齢者をだまして簡易保険を販売しているなどの驚くべき情報がたくさん集まった。そして半年後の 2019 年 3 月 18 日に「かんぽ不正販売問題」の全貌を伝えるスクープ記事が大きく掲載されたのである。

　評判になったあな特には、その後、全国の地方紙などがパートナーとして加わって 23 社の「**ジャーナリズムオンデマンド（ＪＯＤ）**」のネットワークができた。テーマによっては、複数のパートナー社が連携して取材、報道すること

が力を発揮している。

9 "中抜き"があたりまえから"中あり"復活へ

インターネットが登場して、誰でも発信できるようになった。言い換えれば、誰もがメディアである。**ユーチューバー**という現象はその典型である。個人でもアクセスが多ければ多いほど広告費がかせげる。マスメディアが特権的な位置を占めたのは古い話となってしまった。

誰でも発信、誰でもメディアになって起きた現象は「**中抜き**」である。メディアと読者の間に立つ**編集者**は不要であるという風潮、言い換えれば中抜きの風潮が強まった。そのような編集者冬の時代から、再度編集者が復権するという段階を迎えている。ただし、デジタルに適応できる編集者である。

編集者と言ったが、メディアと読者・視聴者の間に立つ**中間人材**という観点で見ると、編集者（エディター）のほかに、さまざまな場において**キュレーター、モデレーター、ファシリテーター、MC、DJ**などと呼ばれて役割を果たしている人がいる。たとえば、キュレーターは美術館・博物館や図書館において、作者ないし著者と鑑賞者・読者との間に立って、作品ないし著書を見出し、選択している。また、モデレーターやファシリテーターは、複数の人が会話を交わす場で、発言者同士の間に立って、話の流れを調整したり、内容の整理をしたりする。

このような「中間人材」の役割は、ネット空間において今後ますます重要になってこよう。たとえば、最近流行しだした音声 SNS の clubhouse は、思い立ったときにおしゃべりルームが開けるのだが、そこでもモデレーター役の人がうまく動くかどうかが、会話がスムーズに進むかどうかを左右する。

キュレーターとプレイリスト

（校條諭作成）

ネット上で、キュレーターが大きな役割を果たしている例が、**amazon music** とか Spotify のような音楽ストリーミングサービスの「**プレイリスト**」だ。ネットとデジタルによって、古今東西のあらゆる音楽が、楽曲単位で自由に扱うことができるようになった。「元気が出るジャズ」とか、「生活のリズムを変えるクラシック」といったテーマを設定して、それに合った曲が自由に集められている。

NHK+（プラス）という、2020年に始まった、テレビ番組をネット配信するアプリでも、「プレイリスト」という言葉を使っている。「ニュース」「ドキュメンタリー」といった平凡なタイトルのものから「ものしりバラエティ」とか「大自然」、「深く知る」などといったプレイリストが20以上用意されていて、それぞれのテーマに合った番組が選ばれている。

　ただし、以上のプロの世界のプレイリストの例は、いずれもキュレーターが匿名である。それに対して、たとえばYouTubeを見ると本名かハンドルネームかは別として、**目利きの個人**が名前を出してキュレーションをして（選んで）プレイリストを作っている例がたくさんある。

　また、**note**という誰でも自由に文章を掲載できるサイトがあるが、そこでは**「マガジン」**というメニューがあって、いろんな人の投稿を選んできて並べることができる。これも一種のプレイリストである。たいていは、自分が書いた文章だけを並べているが、リンク集だから、他人の書いたものも並べられる。こうして、noteでは誰でもキュレーターないしマガジンの編集者になれる。

　私が期待しているのはニュースメディア、特に**新聞記事のプレイリスト**である。しかも、新聞社の"中の人"がつくるのでなく、"外の人"が、新聞社を横断してつくるプレイリストである。

　Yahoo!ニュースやLINEニュース、スマートニュースなど、ニュース記事の配信を受けて選んで並べているキュレーションメディアは、プレイリストを随

時作っているようなものだと言ってもいいだろう。複数の新聞社や通信社、出版社、各種ネットメディアから横断的に記事を選んでいるという意味で、音楽ストリーミングのプレイリストと共通する面がある。

　キュレーションメディアに記事を配信している大元の新聞は、紙にせよ、ネットの自前サイトにせよ、多くの記者が書いた記事を選んで載せているので、これも一種のプレイリストだと言えないこともない。しかし、ここでは、何らかの**テーマに即して選び、編集**しているものをプレイリストと呼ぶこととする。実際、日経電子版などの新聞デジタル版には、**連載記事**をまとめて読めるプレイリスト（とは呼んでないが）が用意されている。また、毎日新聞デジタルでは、2021 年 2 月のリニューアル時から特定テーマの記事を**時系列**でたどれるコーナーの掲載が始まった。また、それ以前から、「生きるのがつらいあなたへ」「経済 比べてわかる」「夫婦別姓"私の選択肢"」などの独自のテーマ設定による"プレイリスト"も見られた。Yahoo!ニュースでも単発のニュースばかりでなく、注目のニュースについては「詳しく知る」と題して関連記事をまとめて示している。

　佐々木俊尚氏は著書『キュレーションの時代』の中で、「すでにある膨大な情報を仕分けして、それらが持つ意味を読者にわかりやすく提示できるジャーナリストの価値も高まってきている」と語っている。

　新聞記事をもとにしたプレイリストを**"外の人"**たとえば特定テーマの専門

家や識者個人がつくるということを考えてみたらどうだろう。

　速報的なニュースは鮮度が落ちるのも速いが、新聞には、何日か遅れて読んでもいっこうに差し支えない記事がたくさん載っている。しかも、紙の新聞と違って、デジタル版ならバックナンバーをたどったり検索したりすることがきわめて容易である。したがって、キュレーターに指名された人が、たとえば直近1週間のお勧め記事として、深掘りの報道や連載企画、記者のコラム、映画評、人生相談などをピックアップしたプレイリストを毎週作成することができる。そういうキュレーターとして、さまざまな個性を持つ人たちを起用すれば、異なる色合いのプレイリストができる。読者がそういった"推し"のキュレーターを持つことによって、価値ある記事に出会い、有料デジタル版の購読新聞社から認定された"公式キュレーター"は、有料記事やデータベースも自由に見られて、読者に見せられるなどということができたら面白い。読者がそういった"推し"のキュレーターを持つことによって、価値ある記事に出会い、その元の新聞の有料デジタル版の購読につながるということもおおいにありうるのではないか。

　たとえば、架空の例だが、「磯田道史の＜新聞で見る感染症今昔＞」などというプレイリストを、過去の記事や最近の記事から選んでつくるというイメージである。実際、感染症は歴史的に何度も起きていて、毎度デマが飛び交うのも共通している。音楽の場合は、同じ楽曲を何度も聴くということがあたりまえ

だが、新聞記事の場合は、同じ記事を何度も読むということは通常はないとしても、上記の感染症の例のように、歴史を日々記録している新聞記事を時代を超えて並べるだけでも新しい価値を持つことがある。相互に無関係だった記事を選んで、並べたりつなげたりすると、そこに新しい意味が生まれる。

おわりに

コロナ禍によって、人々はメディアへの期待を高めている。その背景のひとつは**自分や家族**などの安全確保のための実利的な情報を得る切実なニーズが強まっていること。もうひとつは、国の内外での感染状況や経済への影響、近未来の見通しなど、**全体を俯瞰する**ニーズが大きくなっていることである。

前者については、一般論でなく、自分にとって、あるいは自分の地域にとってというような**パーソナライズ**対応がメディアにいっそう求められていこう。これは、感染症関連だけでなく、健康や金融、趣味などさまざまな分野で新しい技術を使った**ワンツーワン・マーケティング**の実践が進むと思われる。

後者については、断片情報の"シャワー"から距離を置いた確かな視座を読者に提供することが求められている。そのために、広告依存の解説・オピニオン系のメディアにはできない立体的な取材にもとづく深掘り記事を書いたり、チームプレイによって大きなテーマの記事をまとめたりということが期待される。それができる位置にいちばん近いのは新聞だろう。この際、数百万部と

いう部数にこだわらず、少部数でも読者の購読料（サブスクリプション）によって成り立っていくジャーナリズムの担い手を何としても実現してほしい。

参考文献：

校條諭『ニュースメディア進化論』インプレス R&D、2019 年

鈴木克也編著『ソーシャル・エコノミーの構図』エコハ出版、2018 年

梅棹忠夫『知的生産の技術』岩波新書、1969 年

佐々木俊尚『キュレーションの時代』筑摩新書、2011 年

暮沢剛巳『拡張するキュレーション』集英社新書、2021 年

コロナによって試される市民力

米村　洋一

　昨年から世界中で蔓延している新型コロナは、多数の死者を出している欧米や南米諸国に比べると、日本は死者数こそ少ないものの、社会・経済への影響は計り知れないものがある。

　この疾病は多くの人々の命を奪い、後遺症で苦しめ、世界中の社会・経済活動を停滞に導いた伝染病という点では大きな災厄であるが、劇薬としての効果もあると考えられる。

　その効果とは

- 現代社会の問題点があらわに

- 変革の方向を示した

- SDGｓ（持続可能な開発目標）取り組みへの契機

- 日本の死亡者総数は減少

などであろう。

1 現代社会の問題点があらわに

　新型コロナは資本主義社会も社会主義の各国もそれぞれが抱えている問題点、矛盾があらわになった。

　封建社会から生まれた、近代社会経済システムの本質は富の分配（争奪）の仕組みの近代化であったともいえよう。つまり資本主義社会においては、個人の自由と権利を基本とした市場原理に基づく経済を発展させることで市民の生活を豊かにしてきた。しかしながらこのような経済メカニズムの中での成功者と非成功者の格差は拡大し、個人・グループの分断が進んだ。他方、社会主義・共産主義の国々では個人の集合体である社会全体の発展の中で、個人の豊かさを増加させる方向を追求し発展してきたが、その結果、個人の権利や自由の抑圧、権力者への富の集中という弊害をもたらしてきた。

　いずれの社会も、結果として持てる者と持たざる者の格差を拡大し、不平等さを拡大してきたが、それらの矛盾を回避するために一層の社会・経済活動の拡大やグローバル化を進める方向が追及され、その結果として資源枯渇や地球環境の破壊を加速化する事態となっている。

　気候変動などの環境問題や資源枯渇の視点からは資本主義も社会主義、共産主義も環境や資源を食いつぶしながら、拡大・成長を遂げようとするという点で、真の SDG s からは程遠い社会である。

新型コロナ対策として進められている対策では、大規模な集積や、交流（旅行、ビジネス）の回避が強く要請されることとなり、大規模イベントの自粛、不要不急の外出自粛、在宅勤務などが奨励されているが、その結果、経済社会活動の停滞は著しくなった。

　この中で直接の交流を避けても成立する、自動化された生産活動や情報活動、在宅支援事業（通販、宅配などを含む）などは比較的影響が少ないだけではなく、中には却って売り上げを伸ばすなどの現象も起きている。この傾向はアフターコロナの業態の在り方を示唆しているような気がする。

　在宅勤務では、これまでのラッシュアワーの通勤の不自然さがあらわになったが、同時に勤怠管理や情報保護などで問題があることも判明しつつある。このことから、職住近接のサテライトオフィスのあり方も見えてくる。

　また、医療、観光などのサービス業やメンテナンス、工事など、現場での活動を前提としたエッセンシャルワークはリモートワークには馴染まない。

　それらの一部は技術開発などにより遠隔化や自動化、VR(バーチャル　リアリティ)化に置き換えられるものもあるが、本質的にヒューマンコンタクトやダイレクトアクセスを必要とするものも少なくないことから AI やセンサー技術を取り入れたロボティクスの役割が期待される。

　　人々とのダイレクトな交流を前提としてきた各種芸術・文化活動やスポーツなどの活動も情報通信機能を活用した新たなパフォーマンス形態とビジ

ネスモデルを必要としている。

　こでもすでに YouTube　などで、プロ、セミプロ、アマチュア入り乱れて
のパフォーマンスが提供されている。このようなイベントはいわば大道芸が
一挙に世界につながってしまう事で、全く新しいビジネスモデルが生まれつ
つある。これまでの芸術・文化活動は立派な音楽ホールや美術館のような大
規模な装置やテレビスタジオなどで開催され、収益は基本的に入場料の売り
上げで賄われてきたが、これからの時代のイベントは、近くの小規模な専用
スタジオや個人の家、場合によっては公園などの屋外がパフォーマンスの場
となり、そのようなパフォーマンスを支援するハード、ソフトのマーケット
規模は計り知れない。つまり数か所の立派なホールの出番は少なくなり、代
わって数百、数千の新しいタイプの舞台装置が檜舞台の役割を果たす時代に
なることも考えられる。

リモート会議では我が家のむさくるしい書斎やリビングの背景に代えて、バ
ーチャルな背景で会議に臨む人も増えてきているが、視覚ばかりではなく聴覚
に係るハード、ソフトのバックアップで臨場感あふれるイベントを、自宅や近
所の小さな専用ホールで楽しむことも可能になるだろう。私の知り合いのクラ
シック系の音楽家たちはこれまで音楽をもっと身近なものにするために、これ
まで市役所のロビーや、街角の小規模な空間を利用したサロンコンサートなど
の活動をしているが、新たな舞台装置と直接世界に発信できる情報発信手段に

よって、地域に高い評価で受け入れられる芸術環境を提供できることは勿論、一挙に国際的なスターになったりすることもあり得る。

　このようにあらゆるジャンルで、アフターコロナの社会に向かって、これまでとはベクトルの違った技術革新や生産活動の仕組みを考えることが強く要請されているといえよう。

　新型コロナによって、新しい文化や価値観、技術・社会システムを形成するスピードがかなり早まった、あるいは早めることが必要になったとの認識を拡大した効用も大きかったといえよう。

2　これからの経済・社会システムや文化の変革の方向を示唆

　上記のような問題に対応する変革のあり方は多岐にわたるが、目指すところはより少ないエネルギーや資源でより豊かに暮らすことであろう。すなわちGNP は低くても市民の生活の質について知恵を絞ることで、より豊かで満足度は高い社会を実現することが求められている。

　新型コロナ対策の一つとして「不要不急の外出は避けよう」という言葉が使われることが多いが、その内容は人それぞれによって異なるし、社会通念によっても変化する。

　例えば通勤・通学は現代社会では「不要不急」とは言えないが、リモートワ

ークや学習が普及した社会では、ラッシュアワーに耐えて遠距離を通勤・通学することも不可欠なこととは言えないかもしれない。この一連の変化の中で在宅勤務や在宅学習が採用され始めているが、リモートで各個人レベルでの活動に限定することにも勤怠管理、セキュリティ、モチベーション低下などの問題があることから、小規模グループで対応するサテライト型（地域分散型）の活動にも関心が高まりつつある。サテライトオフィスではオフィスワークに必要なインフラを共有しながら、異業種が共存するワークスタイルも考えられるし、これによって自然な形での異業種交流が進むかもしれない。

　通学と言えば義務教育である小中学校は原則日常生活圏内に確保することとなっているが、仕組みの工夫により高校や大学の教育も個人の在宅ではなく、サテライト型の仕組みを考えることもできよう。特に大学では、教育を担当する人材を複数の大学が共有し、教室のキャパシティにとらわれないスケールの学生を対象として密度の高い講義を実施できる可能性があり、大学側のセンスによっては、国際的なレベルで連携することによって単独の大学では確保することが困難な優れた教育人材や研究・教育設備を擁しながら、個性あふれる教育を実現できる可能性がある。新しい教育の仕組みが時間や空間の制約を大きく減らすことができれば、地域社会での活動や職場での仕事と両立できる学業の可能性も広がる。

　このような大学ネットワークでは単位取得の方法を多様化することにより、

仕事をしながら余暇時間に長い時間を割いて希望する科目の単位を取得したり、複数の大学の単位を併せて卒業に必要な単位を取得したりすることができるかもしれない。

　このように新型コロナは、時間や空間の束縛から解放され、より自由な暮らし方、仕事の仕方を考えるきっかけを与えてくれたともいえよう。

　これらの活動は近年急速に発達してきたデジタル技術の恩恵に与ること大であるが、今後の AI や 5G などの情報・通信技術の進歩により、個人の特性に応じた個別のサービスの提供はより現実味を増してきている。

　今既に私たちの行動は Amazon や Facebook、Twitter、line 等々のデータベースに蓄積され、分析され、フィードバックされ、それらのプラットフォーマーは、膨大なデータを AI の助けを借りて分析し、私たちの様々な行動を予測し、先回りし、お薦めの商品やサービスについての情報提供をするなどの活動が始まっている。今後あらゆる場所でセンサーやカメラ、マイクなどを用いたダイレクトな情報収集が進み、膨大なデータを取り扱う AI 型の情報システムが機能し始めると、グループではなく個人レベルでの対応が可能になる。

　現在はこのようなデータは巨大なデータセンターがサポートすることで、ビッグデータの分析に基づいて数々の新しい商品やサービスの提供が行われているが、考えてみれば 50 年も前の地域の八百屋や魚屋は常連客の好みや料理の腕前から、場合によってはその家の台所事情まで推察しながら、「今日はこ

れがおすすめ」などとやっていたことを考えると、アフターコロナの社会では進化した小規模でローカルな AI サーバーが、地域社会の人々のニーズにきめ細かく対応し消費者の心を掴むサービスの支援システムになるかもしれない。

　現在世界のデータセンターが消費する電力は総電力消費の２％に達していると言われており、それ自体が環境問題になりつつあるが、巨大データセンターから小規模で分散型ネットワークのＡＩサーバーにとって代わることで、よりきめ細かで顧客満足度の高い商品やサービスの提供が進む可能性もある。

3　SDGsへの取り組みを本格化する契機

　冒頭で述べたように、20 世紀は社会制度の違いにかかわらず、経済成長による限りない富の増大によって社会経済の主要な問題を緩和しようとしてきた。この動きはモノだけではなく、文化・芸術、スポーツなども商品化され、経済拡大の道具となった。

　このために市場経済の外側にあるとみなされてきた環境や天然資源を消費する（破壊・収奪する）ことで、経済の発展、富の拡大を図ってきた。20 世紀後半に急速に発展してきた情報通信・IT 技術は本来物質的な消費を軽減することに役立つはずであったが、実際にはこれらの技術・システムは収奪型経済システムをより強力に機能させるための手段として利用されてきた。

このような枠組みの中で、先進国ほど環境・資源収奪型経済システムが強力に機能し、グローバル化することによって途上国からの天然資源や人的資源の収奪・搾取も行いながら富の拡大を図ってきたため途上国との格差が拡大してきた。

　しかし、このような人類の活動が、地球温暖化など気候変動まで引き起こしたり、いわゆる南北問題など国際的不安定さも拡大したりするなど、環境、資源からの制約や現在の社会経済システムの問題点があらわになってくるとともに、これまでの環境破壊・資源収奪、国家間収奪によって発展してきた経済システムの変革が必要になり始めているとの認識が広がってきた。

　このような事態に直面した国々、特に先進諸国はSDGsを旗印に、これからの社会・経済の仕組みを変えようと、努力し始めている。

　このような立ち位置で新型コロナをみてみると、その対応としてもライフスタイルやワークスタイルの変革を求められていると考えられる。

　すなわち、新型コロナは、国レベルでは、大規模・高密度に人や資源を集積させる一極集中型の巨大都市圏を形成することで効率良く富の拡大を図るという20世紀の国家像はリスクが大きく、多極・分散、地域自立型の方がリスクを減らせるという事を示唆している。

　また国際的には巨大企業、先進諸国のグローバルな経済活動や、国家間の活

発な移動や交流は新型コロナでは感染リスクを高め、経済・社会的にも国家間の格差拡大による不安定さを増大させることを露わにしつつある。

これらのリスクを避けるためには多様な対策を総合的に推進することが必要であるが、社会、経済システムに関しては分散・自立型&ネットワーク化を推進することも一つの方策である。

分散・自立型の経済社会システムでは資源に関しては地域特性に応じた小規模システムで再生可能な利用を図りながら、資源・エネルギー消費を限りなくゼロに近づけながらそれらの自立・分散地域間のネットワーク化を図ることによって、さらに安定性、持続性、信頼性を高めることも容易に想定できる。またこれらの仕組みを円滑に機能させるために、IT 技術・システムは非常に役立つことも想像できる。

4　日本の死亡者総数は減少

2021 年 2 月 23 日付けの朝日新聞朝刊で 2020 年の我が国の死亡者の総数が 1 万人近く減少したことが報じられている。その原因としてマスク・手洗い・うがい、三密回避などの感染対策が他の疾病の予防や重症化防止に役立ったと考えられている。

すなわち新型コロナにかかわる様々な専門的情報があらゆるメディアを通

して提供され、人々の感染症など疾病に対する理解が深まり、適切な行動の努力をした結果、トータルとして様々な疾病に必要な感染防止のレベルが向上し、死亡者数の減少に役立ったという事になる。

このことは新型コロナのような疾病にかかわらず、社会の様々な問題や障害について、それぞれの分野の専門家の情報が多くの市民にも理解しやすい適切な形で提供され、その情報に対応した適切な行動を市民がとることにより、問題が解消されたり、緩和されたりする可能性が高いことを示唆している。

5 未知への挑戦（パラダイムシフト）

1）市民力を活用した街づくり

市民参加という言葉がよくつかわれるが、多くの場合そこでイメージされている市民は、何のスキルも持たない抽象的な普通の市民という場合が多い。

しかしながら現実の市民は、日々の暮らしの中で培った様々なスキルを持ったプロである。家庭の主婦は家事や育児のプロであり、何らかの仕事に携わっている人々はその仕事のプロである。

このようなスキル・ノウハウを持つ市民が地域社会でその特技を生かせるような舞台に立つことができれば、行政だけではできない様々な事業を効率良く効果的に進めることができる。

筆者が住んでいる地域の町内会では、自主まちづくり計画を策定しているが、これを進めている自主まちづくり委員会には建築や都市計画、環境計画など、まちづくりに係る多様な経験を持つ有志が参加し、専門家が見てもおかしくない立派なまちづくり計画が出来上がり、その計画に従って、町内の様々な開発行為に対して専門的な意見やアドバイスを提供し、時にはルール違反の開発行為を阻止している。このようなきめ細かいチェックは、その地域で暮らし、日常的に地域に目配りができる住民にとっては特別な活動ではないが、同じようなきめ細かなチェックや対応を行政や行政から委託された事業者がやるとなると途方もないコストを覚悟しなければならなくなる。

　またこのまちづくり計画を住民に理解してもらい、協力してもらうためには、日ごろの住民同士の交流が必要であるとの考え方から、秋まつりと称していわば地域住民の「文化祭」を開催している。

　そこではプロの芸術家もアマチュアの趣味の人も同じ条件で、原則一人1点（そうしないと作品点数が多くなりすぎて、会場に展示しきれない）作品が展示されるがそれぞれが見ごたえのある作品で、町内会地域の人もまたそれ以外の地域から来訪する人々も、毎年楽しんでいる。

　秋祭りを毎年やっていると、「せっかく普段は行き来のない人々が集まるのだから防災訓練をやろう」とか、「ワークショップ形式で子供の作品展もやろう」とか様々なアイデアが持ち込まれ、ますます充実した秋祭りになっている。

今年はコロナ対策を十分考慮した秋祭りができるのか、やめた方がいいのか、全く止めないでやるとしたらどんなやり方があるのか、ウェブ上での開催ができるのかなど、知恵を絞り始めている。おそらく行政がこのようなイベントを仕切っていたら、単純にやめるという事になり、本来の目的、地域住民の交流という目的はあっさりと投げ捨てられたかもしれない。

しかし地域住民が考えるとアフターコロナ、ウィズコロナの条件の下で地域住民がどのように交流し、助け合えるかといったことに知恵を絞り解決方策を見つけることだろう。

自主まちづくり計画は住民が安全・安心に快適に住み続けるためのルールを定めたものであるが、今ではこれをさらにバージョンアップして法的な裏付けのある地区計画を策定しようとしている。

つまり市民力を活用するという事は、単に市民の持つスキルやノウハウを活用できるだけではなく、コロナのような厳しい環境条件の下でも、本来の目的である公共の福祉を充実させるための様々な取り組みについて、市民が自らの頭で考えながら、柔軟な発想で、実行できるパワーをも育てることに他ならない。

このような市民力は営利を目的としないけれど、より高度な活動を展開するためには、NPO や市民起業家のような形で、より強力な手段を利用するために実費を対価として使う仕組みを工夫し、利用することになろう。

市民は消費者であるとともに生産のプロでもあるという事で、未来学者アル
ビン・トフラーの著書『第三の波』では、プロシューマーと名付けられている。
福祉、環境管理、芸術文化活動、スポーツなど、市民にとって重要な様々なア
クティビティが、営利企業では採算性が取れない、あるいは従来の行政による
公共サービスでは効率が悪く、コストの割には使い勝手がよくないなどの理由
で実行されなかったり、逆にマスメディアなどの企業による商品化が進行した
ために、本来は身近で楽しめる活動が、疎遠になったり、商品化されない優れ
た才能が埋もれさせられたりすることになっている。

　「市民の市民による市民のため」のプロシューマー活動はこのような矛盾を
も回避できる可能性を秘めている。

　このような市民力を活用するためには活動の舞台や仕組みを提供し、その活
動をサポートする優れたコーディネーション力が必要である。

　この点についても、すでにNPO法人だけではなく社会起業家や土日市役所
など、公民問わず様々な考え方で仕組みづくりが模索されているが、これらに
ついてはこれからの課題として、市民、行政、企業などが協力して進めること
が望まれる。

　プロシューマーを育てることは、市民力を活用して事業の効率を高めたり、
質を向上させたり、コストを下げたりすることだけでなく、人々の消費者とし
ての質や量を高める効果も大きいことに注目すべきである。

私は過去の環境に係る仕事の中で多くの事例を体験してきたが、その一つを事例として紹介しよう。

　私は1990年の春から秋にかけて、神奈川県と１３の市町、企業、市民の協力の下にサーフ‘90という、総予算90億円の大型社会実験を相模湾沿岸地域で半年間実施した。

　これは様々なテーマで市民力を活用しながら地域の抱える様々な問題解決の手がかりをつかむことを目的とした社会実験であったが、そのうちの一つにカンヌ映画祭の誘致があった。

　映画に係る専門家からは映画に関しては素人同然の人々が、そんなことはできる訳がないと一笑に付されたが、当のカンヌ映画祭の監督週間部門のトップが「それは面白いし、とても素晴らしいことだ」と応えてくれることになった。カンヌ映画祭はいわばフランスの国家事業であり、その性格やスケールからすると、生半可な企業や企業グループでも相手にしてもらえないイベントであるが、たまたま監督週間部門の責任者はカンヌ映画祭の創成期からの責任者で、ささやかな映画祭の頃から関わってきた人であったことが幸いした。

　彼の経験から、湘南地域の映画好きの市民が利益のためではなく映画文化の向上のために立ち上がったことに共感してれたこと、下世話な要因としてはその時フランスで開催しようとしていたエレクトロニクス見本市に、日本の家電業界の参加を求めており、この要望にサーフ‘90イベント実施メンバーの家電

企業が積極的に答えてくれたことが交渉成立の大きな要因であった。

　さて監督週間部門に限ったとはいえ、カンヌ映画祭でノミネートされた十数本の作品を、2, 3ヶ月しかない期間で日本の映倫を通し、日本語スーパーを入れることは到底不可能であることを業界の専門家たちは指摘した訳であるが、この日本語スーパー作成に当たっては、映画好きの湘南地域に在住の約 60 名の主婦たちの力が大いに発揮された。その作業のチームのメンバーはイギリスやフランスの大学を卒業していたり、パートナーの仕事の関係でドイツやベルギーに長年居住していたりといった人々で、その戦力で全ての作品の日本語スーパーが完成したわけである。

　カンヌ映画祭監督週間部門は当時数か所あった藤沢市内の映画館を 2 週間借り切って開催され、成功裏に終わったが、ここでの本題は日本語スーパー作成に携わった数十名の主婦たちの消費行動である。熱心に翻訳作業をした主婦達には当然作業費が支払われ、殆どの人々が数十万円の報酬を得る事ができた。その報酬を手にした主婦たちは、日頃は隣のスーパーの野菜の方が 5 円安いか高いかといったことを気にしながら買い物をする消費者であるが、働いて得た報酬を手にした彼女たちは「これまで欲しかったワープロを買える」とか、「来年は本場カンヌの映画祭を見に行こう」とか、楽しそうな話題が交わされていた。つまり、プロシューマーの収入は通常とは数倍、数十倍のスケールと、異次元の商品やサービスの消費を顕在化させることになったわけである。

アフターコロナを支える市民力は、プロシューマーとして活動することで消費者としても一回りも二回りも大きな消費者になることで、経済の活性化にも貢献することになるだろう。

2）　情報力の重要さ、AIの活用

　市民、行政、企業が協働しながらアフターコロナの社会を実現するためには、まずお互いが相手についてよく理解しリスペクトすることが必要であり、更には知的ベースを共有するなどの情報環境を整えることが必要である。

　その入り口となる情報入手の環境そのものはこれからも飛躍的に充実することが予想される。

　今や数万円の電子辞書には英和大辞典や英和・和英・英英辞典、ビジネス英語や会話集まで200以上の書籍・辞典や電子版コンテンツをカバーした膨大な収録量を擁し、英会話や音楽については音声でフレーズを聞くこともできるので、研究、翻訳、専門学習、グローバルビジネスなど、幅広く活用できる。つまり、知識ベースはかなり専門家でもすぐには出てこないような情報が、わずか数万円の電子辞書でも入手できるし、パソコンやスマホがあれば、インターネットを介して様々な情報を瞬時に入手できる。このような環境は5Gによってますます加速される。

　ただしこれらの情報は高度な科学的知見に基づいた情報も、個人の思い付き

や感覚で発信される真偽の定かでない情報も区別なく入手できるという弱点も併せ持っている。

したがってこれらの玉石混交の情報の中から正しい情報を選び出し、適切な行動へと結びつける能力＝情報力を身につける事が重要である。

この情報を選び取る能力は、人のこれまでの失敗、成功の景観の豊富さ、その経験から正しい行動を学び取る学習能力の高さによって培われると考えられるが、これについても例えば囲碁や将棋、チェス、オセロなどのルールが単純なゲームの世界では、人よりも AI の方が知的ベースの充実のレベルが高く、最良の手を選びとる能力が勝る時代になっている。

今後防犯カメラや様々な場所に設置される多様な端末によって収集される情報が統合され、分析され、ビジネスや公共サービスの充実に活用されることにより、市民にとってはより良いサービスが提供される社会が期待されるが、その裏ではいわば様々なステークホルダーによる情報の陣取り合戦が展開されることになるかもしれない。

しかしながら、囲碁やゼロサムゲームのような場合には勝者がいるという事は敗者もいるという事になることを私たちは認識しておく必要がある。

ゲームの世界と違って現実の社会では敗者を出さないという事によって、安定した社会の維持が可能になっていることを認識しておく必要がある。膨大な情報を収集し、最適な行動をとろうとする人々が、偏った情報をもとに自分や

自分の仲間たちさえ良ければという考え方で身勝手な行動をとることは、かえって社会の分断、崩壊や衰退を招くリスクを高めることはコロナ禍のアメリカのトランプ政権が分かりやすい形で示してくれた。

　言い換えればこれからは、知の集積とそれに基づく選択肢については AI の助けを借り、それを利用しながらＳＤＧｓを追求する個人の能力や創造性（その根源は文化・芸術）、社会性（利他の精神）を高めることで、持続的で豊かな社会を実現することが求められるのではないだろうか。

3）　社会実験による合意形成

　アフターコロナ社会が求める新たなライフスタイルや、文化、社会・経済の仕組みを作ることは簡単ではない。

　これまでの暮らし方や習慣に慣れ、それなりに安定した暮らしをしている人々にとっては、それを変えること自体に抵抗がある。そもそも人は自分が経験したことのない事柄や、異なる価値観を言葉や文字だけで理解することはかなり困難である。言い換えれば人は具体的に経験してみて初めてそれが好ましいかとか、好ましくないとかを判断できる。

　また特に公共セクターの事業は安定性が求められることから、仮にその事業に若干の問題が生じたとしても始めた事業は簡単に止めることができない。だから、通常は失敗するかもしれない事業には取り組もうとはしない。

さらに、リスクやチャンスを自ら判断して新たな事業に取り組む民間企業は、ワンマン経営の企業や零細なベンチャー企業くらいで、その数はそれほど多くない。特に、わが国ではベンチャーに投資する金融機関はほとんど見当たらない。

　このような壁を乗り越えて、パラダイムシフトともいうべき変革を進めるためには、多くの人が実際に体験し、評価できるような実験的事業を進めることが必要である。

　この実験はアカデミックな実験として実施すると、そのテーマに関心の薄い一般の人々には認知されにくく、社会的インパクトが弱くなってしまう。

　それでは、多くの人々が注目するような社会実験とはどのように進めるべきであろうか?

　過去を振り返ってみると、わが国の高度成長期突入のタイミングで実施された大阪万博では、今では当たり前に街角に立ち並んでいる自動販売機が未来の飲料販売機として会場内に設置された。この時自販機メーカーの技術者たちは利用者がどのような反応をするかを調査していたが、自販機で購入した飲料を飲みながら歩く人々が大勢見受けられた。(ちなみにこのころの普通の人々の価値観は「歩きながらものを食べたり飲んだりすることは、行儀の悪い恥ずかしいこと」であり、博覧会会場というお祭り気分の場所だから、多くの人が普段は控える行動をしてみたと言う事だろう。)

大阪万博の実験結果を踏まえて、この後自販機による飲料などの販売が認められ、日本では街角のいたるところに自販機が設置されることになった。

　また後に神戸で開催されたポートピア博覧会では新神戸駅から博覧会の会場ポートアイランドまで入場者の送迎のため博覧会開催時期に限って無人の新交通システムが導入されたが、問題なく運用された結果このインフラはそのまま博覧会終了後も継承され、ポートアイランドの都市開発において重要な役割を果たす交通インフラとなった。

　新型コロナにおいても様々な試行錯誤が続いているがこれらのデータを科学的に意味のあるやり方で収集し、評価し適切な選択をすることでコロナも収束に向かう事となるだろう。

　現実にはコロナ対策を巡っても、自分さえ良ければ、わが地域さえ良ければ、わがグループさえ良ければという動きもある中で、このようなことを含めて今回の厄災を乗り越える叡智が私たちに問われていると言えよう。

4）専門家とステークホルダーによる新しい仕組みの創造

　新しいパラダイムを作り出すために必要な作業は、関連する専門家と取り組もうとする課題にかかわる関係者（ステークホルダー）の共同作業が必要である。ここで必要な専門家とは新しいパラダイムに対応する仕組みづくりにかかわる多様な専門家である。

しばしばよく見られる誤りは、直接関係する狭い領域の専門家だけを頼りに、問題解決を図ろうとすることである。例えばコロナ対策では行政も、メディアも感染症の専門医、広くても医師のみを専門家としてみていることがほとんどである。しかしながら実効性のあるコロナ対策を進めようとすれば、人々の行動変容が必要であり、コロナ対策として有効なビジネスモデルやワークスタイルを開発することが必要であるが、この点に関して医師は全くの素人とであることが多い。メディアのコメンテーターや有識者会議などの顔ぶれを見ても、行動科学の専門家やマーケティングの専門家、経営の専門家が、それぞれの専門分野の知見やスキルを動員して、問題の分析や解決にあたっているケースはほとんど見られない。

　また原発の事例を見ても原子力工学の専門家の意見のみが専門家の意見とみなされ、エネルギー問題を総合的に考える事のできるエネルギー専門家や廃棄物処理、防災、地質や地震、コミュニティーなどの専門家がメンバーとして参画している事例はあまり聞いたことがない。

　さらに言えば原発は多様なエネルギーミックスの一つであることを考えれば、代替エネルギーの専門家やオプションを評価するために必要な専門家、そして何よりも直接影響を受ける地域住民の立場で考え意見を述べる地域住民や代理人が必要であろう。

　このように多様な専門家やステークホルダーの共創の作業をとりまとめア

ウトプットを出すためには、これらのチームをまとめる専門的コーディネーターも必要である。

　冒頭にも触れたように新型コロナは未曾有の厄災であるが、だからこそ大きな変革のきっかけともなりうる事件であるということもできよう。

追記

　今年4月17，18日に、沼津市の inn the Park という宿泊施設としてのバンガローやキャンプサイトを備えた公園で　(Re) generate！　という、イベントが開かれた。

　文字通り「再生」をテーマとしたイベントで、ブースでの出店と、トークイベントが行われ、今リサイクル型ごみ処理で話題の徳島県上勝町からも話題提供が行われた。

　このイベントに私が所属するNPO日本古民家保存協会も参加して仕口（古民家の柱や梁を接合する臍（ホゾ）と臍穴）を展示しながら民家再生と活用のアピールをした。

　古民家のメンバーは全員70歳以上6人が交代でブースに座り、訪れた人々と楽しく、有益な意見交換をすることができた。気が付けば周りのブースも、このイベントに参加するためにここを訪れた人も、ほとんどすべてが20から

30歳代の若者であった。

　消費者運動を機会に環境問題に関心を持ち始めた団塊の世代にも環境問題に取り組んでいる人は少なくないが、この会場にはお孫さんに付き合って訪れたと思しき高齢者以外には年配の人はほとんど見当たらなかった。

　これは主催者自身が若い世代で、ベテランの高齢者にはメッセージが届かなかったことが最大の原因であると思われるが、沼津市役所も協賛し、ブースまで出しているイベントの参加者が、圧倒的に若い世代の人々で、それぞれが関心を持つ様々な分野での実践者であったこと、またその中には国内、海外で活躍しているトップレベルの職人やアーティストもいて、これには少し驚き、また大いに頼もしく感じる現象であった。

　アフターコロナの社会がこのような若者たちによって切り開かれていくことを期待したい。

結びにかえて

　コロナ感染による自粛生活が長引く中で、日本の経済・社会が抱える課題が
クローズアップされてきた。中央・地方政府のデジタル化の遅れ、官僚の縦割
り行政の弊害、工場の海外進出によるサプライチェーンの分断、サービス業の
低生産性、非正規社員・女性就業者の失業と貧困、三密構造の東京生活のディ
メリットなど、多くの課題が浮き彫りになった。

　考えてみれば、これらの課題は、1990年のバブル崩壊以降30年余にわたる
日本経済の長期停滞の原因と完全にオーバーラップしている。コロナ禍が、隠
されていた日本の課題をあぶり出したと云えよう。

　一方、社会問題に目を向けると、社会の複雑化によって様々な社会問題が表
面化してきたが、今回のコロナ禍も大きく関連していることが分かる。

　少子高齢化、都市集中と地方の過疎化、環境問題や交通、医療、教育の問題
など以前から潜在していた諸問題も深刻度を増している。これらの問題に対処
するにもソーシャルビジネスをはじめとする市民参加型の新しい解決策が求
められている。

　今回のコロナ禍がどのような背景と経緯の下で起こったのかを皮切りに、そ
れが政治・経済・社会にどのようなインパクトを与えたのか、今後どのような

方向に進んでいくべきかなど、　私たちはコロナがもたらした教訓について
もっと真剣に検討すべきだと考えた。

　本書の執筆は、長年の私の友人に依頼した。それぞれ専門分野が異なり、関
心領域も異なるため、提言の内容は必ずしも一貫したものになっていないかも
しれないことから、今回はオムニバス方式とさせていただいた。

　コロナはまだ収束したわけでもないし、今後どのような災害がおこるかもし
れないが、コロナを契機に日本が「未来に希望の持てる国」に、そして「持続
可能な国」に変わって欲しいという一点において、執筆者全員が共通の問題意
識を持っている。

　本書での提言が、読者の皆さんがポストコロナ社会を考える契機になること
ができれば幸いである。

エコハ出版代表　鈴木克也

＜執筆者略歴＞

宮川東一郎（みやかわ　とういちろう）

1958 年 東京都立大学経済学部卒業、野村證券株式会社調査部入社。1965 年 野村総合研究所設立に伴い移籍。1987 年 野村総合研究所専務取締役・鎌倉研究本部長。1989 年 野村マネジメント・スクール専務理事・学長。1996 年 ベネッセコーポレーション常勤監査役。専門は、経営戦略、消費者行動分析、人材育成論。

玉田　　樹（たまだ　たつる）

1945 年 青森県弘前市生まれ。東京大学工学部卒業、野村総合研究所で地域計画研究室長、経営コンサルティング部長、社会・産業研究部長、研究創発センター長、執行役員、理事を歴任。その間、北陸先端科学技術大学院大学客員教授、国土審議会専門委員などを兼任。2007 年より㈱ふるさと回帰総合政策研究所代表取締役社長。

佐藤　公彦（さとう　きみひこ）

1943 年 福島県会津生まれ。東北大学工学部卒業、東京工業大学大学院理工学研究科修士課程修了。社会教育施設研究所を経て 1972 年 野村総合研究所入社、主任研究員。

浅田　和幸（あさだ　かずよし）

　1950 年生まれ。関西大学文学部哲学科卒業。1974 年日本経済新聞社入社。

函館支局長、東京本社地方部次長、『日経地域情報』（現『日経グローカル』）編集長、日経産業消費研究所事務局次長などを歴任。2013年退社。雑誌『かがり火』編集委員、はこだて観光大使、全国ふるさと大使連絡会議前代表。

　著書に「さらば東京　地域大変動が始まった」「全国住民サービス番付」、「地方議会改革の実像」（いずれも日本経済新聞社・共著）、「ドキュメント　サラリーマン」（新潮文庫・共著）など。

鈴木　克也 (すずき　かつや)

1942年　大阪市生まれ。大阪市立大学経済学部卒業、野村総合研究入社。1982年日本合同ファイナンス株式会社（現ジャフコ）に転籍。2001年　公立はこだて未来大学システム情報科学部教授。2013年　エコハ出版設立、現在に至る。

校條　諭 (めんじょう　さとし)

1948年　神奈川県生まれ。東北大学理学部卒業。1973年　野村総合研究所入社。経営環境研究室長を務めた後、1988年　ぴあ総合研究所設立に参加。1997年以後ネットビジネスおよび健康ビジネス起業。現在メディア研究者、NPO法人みんなの元気学校代表理事。

米村　洋一 (よねむら　よういち)

1943年　福岡県生まれ。東京大学工学部卒業。1973年　野村総合研究所入社。1993年　㈱AAP 取締役。㈱地域交流センター企画取締役を経て代表取締役、NPO 地域交流センター副代表理事。2003年　中央大学経済研究科兼任講師。

2007 年（社福）藤沢育成会理事長。現在 全日本鹿協会副代表理事、NPO ケアセンターやわらぎ理事、医療法人若林会監事、公益財団コカ・コーラ教育・環境財団評議員。

エコハ出版の本

書籍名　発行日　販売価格	内容紹介
『環境ビジネスの新展開』 2010 年 6 月　2000 円	日本における環境問題を解決するためには市民の環境意識の高揚が前提であるが、これをビジネスとしてとらえ、継続的に展開していく仕組みづくりかが重要なことを問題提起し、その先進事例を紹介しながら、課題を探っている。
『地域活性化の理論と実践』 2010 年 10 月　2000 円	最近地域が抱えている問題が表面化しているが、地方文化の多様性こそが日本の宝である。今後地域の活性化のためは、「地域マーケティング」の考え方を取り入れ、市民が主体となり、地域ベンチャー、地域産業、地域のクリエイターが一体となって地域資源を再発見し、地域の個性と独自性を追求すべきだと提唱している
『観光マーケティングの理論と実践』 2011 年 2 月　2000 円	観光は日本全体にとっても地域にとっても戦略的なテーマである。これまでは観光関連の旅行業、宿泊業、交通業、飲食業などがバラバラなサービスを提供してきたがこれからは「観光マーケティング」の考え方を導入すべきだと論じている。
『ソーシャルベンチャーの理論と実践』2011 年 6 月　2000 円	今、日本で起こっている様々な社会的な問題を解決するにあたって、これまでの利益追求だけのシステムだけでなく、ボランティア、NPO 法人、コミュニティビジネスを含む「ソーシャルベンチャー」の役割が大きくなっている。それらを持続的で効果のあるものとするための様々な事例について事例研究している。
『アクティブ・エイジング～地域で活躍する元気な高齢者』2012 年 3 月 2000 円	高齢者のもつ暗いイメージを払拭し、高齢者が明るく元気に活躍する社会を構築したい。そのための条件をさぐるため函館地域で元気に活躍されている 10 人の紹介をしている。今後団塊の世代が高齢者の仲間入りをしてくる中で高齢者が活躍できる条件を真剣に考える必要がある。
山﨑文雄著『競争から共生へ』 2012 年 8 月　2000 円	半世紀にわたって生きものに向きあってきた著者が、生きものの不思議、相互依存し、助けあいながら生きる「共生」の姿に感動し、人間や社会のあり方もこれまでの競争一辺倒から「共生」に転換すべきだと論じている。
『ソーシャルビジネスの新潮流』 2012 年 10 月　2000 円	社会問題解決の切り札としてソーシャルビジネスへの期待が高まっているが、それを本格化するためにはマネジメントの原点を抑えることとそれらを支える周辺の環境条件が重要なことを先進事例を紹介しながら考察する。

書籍名　発行日　販売価格	内容紹介
堀内伸介・片岡貞治著『アフリカの姿　過去・現在・未来』 2012 年 12 月　2000 円	アフリカの姿を自然、歴史、社会の多様性を背景にしてトータルで論じている。数十年にわたってアフリカの仕事に関わってきた著者達が社会の根底に流れる、パトロネジシステムや政治経済のガバナンスの問題と関わらせながらアフリカの過去・現在・未来を考察している。
［アクティブ・エイジングシリーズ］『はたらく』2013 年 7 月　2000 円	高齢になっても体力・気力・知力が続く限りはたらき続けたい。生活のためにやむなく働くだけでなく自分が本当にやりたいことをやりたい方法でやればいい。特に社会やコミュニティ、ふるさとに役立つことができれば本人の生きがいにとっても家族にとっても、社会にとっても意味がある。事例を紹介しつつそれを促進する条件を考える。
風間　誠著『販路開拓活動の理論と実践』2013 年 11 月　1600 円	企業や社会組織の販路開拓業務を外部の専門家にアウトソーシングするにあたって、その戦略的意義と手法について、著者の 10 年にわたる経験を元に解説している。
［アクティブ・エイジングシリーズ］『シニア起業家の挑戦』 2014 年 3 月 2000 円	高齢になってもアクティブにはたらき続けるために『シニア起業家』の道も選択肢である。資金や体力の制約もあるが、長い人生の中で培われた経験・ノウハウネットワークを活かして自分にしかできないやりがいのある仕事をつくり上げたい。
［地域活性化シリーズ］『地域のおける国際化』2014 年 8 月	函館の開港は喜んで異文化を受け入れることによって、地域の国際化におおきな役割を果たした。その歴史が現在でも息づいており、今後の年のあり方にも大きな影響を与えている。これをモデルに地域国際化のあり方を展望する。
コンピュータウイルスを無力化するプログラム革命［LYEE］2014 年 11 月	プログラムを従来の論理結合型からデータ結合型に変えることによってプログラムの抱えている様々な問題を克服できる。プログラムの方法を LYEE の方式に変えることにより、今起こっているウイルスの問題を根本的に解決できる。
［農と食の王国シリーズ］『柿の王国～信州・市田の干し柿のふるさと』 2015 年 1 月	市田の干し柿は恵まれた自然風土の中で育ち、日本の柿の代表的な地域ブランドになっている。これを柿の王国ブランドとして新たな情報発信をしていくことが求められている。
［農と食の王国シリーズ］『山菜の王国』2015 年 3 月	山菜は日本独特の四季の女木身を持った食文化である。天然で多品種少量の産であるため一般の流通ルートに乗りにくいがこれを軸に地方と都会の新しいつながりをつくっていこうとの思いから刊行された。

書籍名　発行日　販売価格	内容紹介
[コミュニティブックス]『コミュニティ手帳』2015年9月	人と人をつなぎ都市でも地域でもコミュニティを復活することが求められている。昔からあったムラから学び、都市の中でも新しいコミュニティをつくっていくための理論と実践の書である。
[地域活性化シリーズ]『丹波山通行ッ手形』2016年5月	２０００m級の山々に囲まれ、東京都の水源ともなっている丹波山は山菜の宝庫でもある。本書では丹波山の観光としての魅力を紹介するとともに、山菜を軸とした地域活性化の具体的方策を提言している。
[農と食の王国シリーズ]『そば＆まちづくり』2016年11月	日本独自の食文化であるそばについて、その歴史、風土魅力、料理の作り方楽しみ方などを総合的に見たうえで今後に世界食としての展望を行っている。
[理論と実践シリーズ]『新しい港町文化とまちづくり』2017年9月	北海道の釧路・小樽・函館をモデルに江戸時代の北前船を源流とする港町文化を見直し、今後のまちづくりとつなげていくという提言の書である。
[農と食の王国シリーズ]『海藻王国』2018年1月	海の幸「海藻」はふるじゅじゃらの日本独自の食文化を形成してきた。海藻は美容や健康に大きな効果があり、日本の豊かな食生活を支えている。地域の産業としても、これからの国際的展開という面からも海藻を見直すべきだと論じている。
[理論と実践シリーズ]『ソーシャルエコノミーの構図』2018年3月	今、日本で起こっている様々な社会的な問題を解決するにあたって、これまでの市場の論理や資本の論理ではない「第3の道」としてソーシャルエコノミーの考えじゃたが必要なことを論じ、その実践的な事例を紹介する。
[日本文化シリーズ]土谷精作著『縄文の世界はおもしろい』2018年9月	日本文化の源流ともいえる縄文の世界は1万年も続いた。自然と共生し、戦争もない社会は現代文明のアンチテーゼとして見直されている。その生活や精神性を縄文遺跡群や土偶を紹介しながらその全体像をとらえる。
[地域活性化シリーズ]『津津軽峡物語』2019年6月	津軽海峡は世界有数の海峡であり、自然、歴史、文化の面で魅力にとんでいる。これを挟んだ北海道道南と北東北は歴史的にはふかいつながりがあるので、これを津軽海峡圏にしようとの動きがある。これを現実的なものとするには両地域の共通の瀬心的アイデンティティや経済的つながりが必要な歩とを検証した。
[地域活性化シリーズ]『秋田内陸線エコミュージアム』2019年9月	秋田のローカル線を活性化するにあたって、沿線の豊かな「木と森の文化」を復活させ、「マタギ」や「縄文」の文化に目をむけ、これをエコミュージアムとして展開することを提言している。
[地域活性化シリーズ]炭焼三太郎・鈴木克也著『椿王国』2019年8月	伊豆大島の椿は長い歴史を持ち島民にも愛着を持っているが、これを国際的な視点から見直し、「里山エコトピア」とって総合的に組み立てる構想を提言している。

書籍名　発行日　販売価格	内容紹介
瀧本龍水著『瀧本龍水初俳句　集こまちをちこち』2020 年 5 月	著者がこの 10 年間に書き溜めた俳句を「宙」「こまちをちこち」[EROS]「感」「旅」というテーマごとにまとめたものである。テーマごとに写真や作品への想いがつけられている。別冊で全作品の一覧も添付されている。
エコハ出版編『山菜王国─山菜・薬草で地域おこし』2021 年 3 月	山菜を普及させるため山菜王国がこれまでやってきた活動と今後の方針を映像を中心に紹介したもので全カラーのハンディなものとして仕上げている。山菜や薬草の知識も満載している。

　エコハ出版は、現在地域や社会で起っている様々な問題に対して新しい視点から問題提起するとともに、各地での取り組み先進的事例を紹介し、実践活動に役立てていただきたいということで設立された。出版方式としてはとしては、少部数オンディマンド方式を採用した。

　今後も速いスピードで出版を続けていく予定である。

　（電話・FAX）0467-24-2738　　　　（携帯電話）090-2547－5083

ポストコロナ日本への提言
― コロナの教訓を活かした新しい社会の構築 ―

2021年 5月31日　　初 版 発 行
2021年 7月30日　　第 二 版 発 行

編集　　エコハ出版

定価 2,200円（本体2,000円＋税10%）

発行所　　エコハ出版
〒248-0003 神奈川県鎌倉市浄明寺4-18-11
TEL 0467 (24) 2738
FAX 0467 (24) 2738

発売所　　株 式 会 社　三 恵 社
〒462-0056 愛知県名古屋市北区中丸町2-24-1
TEL 052 (915) 5211
FAX 052 (915) 5019
URL http://www.sankeisha.com

ISBN 978-4-86693-472-3